4차 산업혁명의 핵심 기술!

BLOCK CHAIN

알기 쉬운 블록체인

그림으로 배우는 비트코인·블록체인의 기본 원리와 응용

쉬밍싱 · 티엔잉 · 리지위에 지음
김응수 · 조정환 옮김

역자 서문

2008년 글로벌 금융위기 이후 중심화된 금융 시스템에 대한 대안으로써 소수의 암호학 전문가들의 고민으로 시작된 분산원장 기술은 비트코인으로 첫 문을 열게 되었습니다. 기존 금융시스템, 즉 은행 및 금융기관을 통한 가치의 교환 방식이 아닌 수많은 사용자와 사용자 사이의 검증 과정을 통해 위·변조될 수 없는 분산화된 네트워크의 유지로 출발한 실험은 현재 대체 가치 저장 수단으로서 널리 인정받고 있으며, 최근 1 BTC는 1,000만 원을 호가하면서 스스로의 가치를 증명하고 있습니다. 비트코인 이외에도 이더리움을 비롯한 많은 가상화폐는 비트코인이 구축한 토대를 바탕으로 발전해 나가고 있으며 비단 금융업뿐 아니라 각 사회 전반의 시스템을 개선 발전시키는 도구로써 많은 실험이 이루어지고 있습니다.

이 책은 당초 중국의 유능한 IT 인재들이 비트코인·블록체인을 보다 쉽게 널리 보급하기 위해 발간하였습니다. 저자들은 중국 최대의 가상화폐 거래 플랫폼인 OKCoin을 창립하였으며, 현재 100여 개 국가, 200만 명의 회원에게 다양한 디지털 자산 거래 서비스를 제공하고 있습니다. OKCoin은 창립 이래 가상화폐의 사회적 영향력에 대해 끊임없이 연구하고 있으며, 또한 가상화폐의 기술적 가치에 주목하고 우리의 삶을 발전시키기 위해 노력하고 있습니다. 이 책을 통해 많은 독자가 비트코인 등 각 가상화폐가 가지는 본질적 가치를 이해하고, 건전한 투자가 이루어지기를 기대합니다.

㈜오케이코인코리아
대표 조정환

미래 블록체인 사회로 나아가는 길

지금 시대는 너무 빨리 변하고 있다. 인터넷 금융은 이제 생활화되었으며, 새로운 금융과학기술(FinTech)이 지속적으로 개발되고 있다. 전 세계는 지금 비트코인(Bitcoin) 열풍에 휩싸여 있으며, 블록체인(Blockchain) 역시 높은 수준에 도달하여 '체인'을 형성하였다. 이 한 줄기 물결의 새로운 기술은 우리의 눈을 현혹시키고 끊임없는 혁신의 변화 속에서 많은 사람이 이름 모를 불안감에 사로잡혀 있다. IT 선구자들은 일찍이 현란한 말을 만들어 산업 요새를 구축하였고, 자신을 오리무중 속으로 던져 놓고 정상인과의 소통 능력을 잃어버렸다. 일반 시민들은 쉬지 않고 새로운 지식을 습득하며, 스마트 시대에 미개인이 되지 않으려고 노력하고 있다.

나는 줄곧 비트코인의 채굴, 지금의 알고리즘 로직(Logic)과 블록체인 선구자들의 열정에 관심을 기울이면서 순간적인 즐거움과 간헐적인 낙담에 자주 빠져들곤 했다. 금융·예술·과학기술·사회 분야에서 급속한 변화에 직면한 우리는 다소 혼란을 겪더라도 이러한 혁신을 따라갈 수 있을 것이다. 설령 실패하더라도 그 과정에서 크고 작은 즐거움으로 충만할 수 있을 것이다. 블록체인 역시 그러리라고 생각한다.

2016년 여름, 나는 카리브해의 넥커(Necker)섬에서 개최된 블록체인 간담회에 3일간 참가했다. 세계적 혁신 기업가인 리처드 브랜슨(Richard Branson)은 10여 개 국가의 다양한 분야의 인사를 초청하여 파도와 태양 빛이 가득한 모래사장에서 미래 블록체인의 활용과 응용에 대해 토론하였다. 이렇게 시공을 초월하는 만남은 진실로 사람을 놀라게 한다. 정보 · 법률 · 정보 시스템 · 인터넷 · 예술 · 항공과 환경 분야의 30여 명의 인사들이 10여 차례 다양한 주제의 토론회를 가졌다. 범죄자 체포, 돈세탁 경계, 예술 재산권 보호, 거래 진실성 확인, 부패 방지, 사회 선거, 지진 구조와 멸종위기 생물의 보호 등에 대해서 토론하고, 이러한 분야의 생동적이고 구체적인 성과와 공통된 응용 프로그램의 로직을 체험하였다. 이는 모두 빅데이터 분석을 기반으로 하는 자발적인 조직 구성과 상호 간의 교차 협력의 결과로서, 이런 시스템과 프로세스는 권위 있는 기구나 기업에 의존하지 않고 자율적으로 이루어졌다.

우리는 한 젊은이의 말에 따라 새로운 협회를 창립하였으며, 모든 참가자가 우리의 행위를 제약하는 절차를 논의하여 결정하였다. 신(神)도 없고, 국왕도 없으며, 정보와 대기업의 절대 권위나 중심에서 컨트롤하는 사람이 없어도 세상은 여전히 돌아갈 뿐만 아니라, 더욱 중요한 것은 혁명은 여전히 일어나고 있다는 것이다.

이 젊은이가 바로 알렉스 탭스콧(Alex Tapscott)이다.《위키 경제학》등의 많은 베스트셀러를 쓴 아버지 돈 탭스콧(Don Tapscott)과 함께《블록체인의 혁명》이란 책을 출판하였다.

당시 넥커섬에는 기술 전문가나 비트코인 채굴자나 해시 알고리즘과 이중 지급 이론을 이해하고 있는 사람이 거의 없었으나, 모두 신념을 가지고 블록체인을 토론하였다. 매우 간단하다. 텔레비전 프로그램을 제작하는 사람은 텔레비전 신호가 어떻게 발사되고 보이는지 관심을 가질 필요가 없으며, 휴대전화를 설계하는 사람은 4G(4세대 이동통신 기술)의 원리와 각 소프트웨어의 기능을 이해할 필요가 없다. 전화를 걸고 텔레비전을 보는 소비자에 대해 말하자면, 무슨 심오한 기술을 비축할 필요가 더더욱 없다.

블록체인은 비트코인의 기반 기술로서 발굴되고 확장되는 것을 의미한다. 비트코인은 광범위한 사회적 관심을 불러일으켰고, 특히 돈을 벌고 이익에 집착하는 실리주의적 환경에서 비트코인은 금융과 투자 분야에서 빠른 속도로 심도 있게 추론되고 있으며, 고도로 규제되고 있다. 그러나 블록체인은 이제 막 새싹이 올라오고 있는 상태로 광범위한 응용 공간을 독립적으로 형성하고 있다. 마치 인터넷의 TCP/IP 협의와 같이 만일 당신이 암호 해제와 암호 편집에 집착하지 않는다면, 당신은 블록체인 기술이 인터넷과 전자 상거래를 대충 훑어보는 것보다도 훨씬 광범위하고 심오한 응용을 할 수 있다는 것을 발견하게 될 것이다.

많은 사람이 블록체인을 거대한 분산식 장부 기록 시스템이며, 모든 사람이 장부의 기장과 감사에 참여하므로 왜곡할 수 없다고 여기고 있다. 이 말은 매우 일리가 있다. 하지만 블록체인은 분명히 장부의 인증 기능을 훨씬 뛰어넘고 있다.

블록체인은 일종의 아이디어라고 말할 수 있다. 기술 디자인으로 권위를 제어하고 신뢰의 감정을 대신함으로써 일종의 인터넷 구조를 세우고 모든 사람이 무수한 노드의 하나를 만드는 데 참여할 수 있다. 인증, 확인 권리, 거래, 소급과 조정 등 일련의 작업이 투명하게 공개되고 원가도 낮으며 속도는 빠르고 분포는 넓어서 권위가 없어도 왜곡 위조와 기록의 금지를 명할 수도 있다. 우리는 오늘날의 상업·예술·사법·과학기술·정치 및 사회 각 분야의 연산 능력과 기술 구조상의 인터넷 문명의 기초 시설이 얼마나 다른지 충분히 상상할 수 있다. 비록 조금의 감정 없이 냉정하게 운영한다 할지라도, 열광적인 부추김, 자처하는 권위의 압력, 독점 재벌의 왜곡, 포퓰리즘 바람을 타고 맹목적 행동을 할 가능성을 배제할 수 없다.

상업적 사기와 감정적 사기 갈취 역시 물방울이 바위를 뚫듯이 뒤따라올 수 있을 것이다. 우리의 선태과 관계없이 블록체인의 이념은 비트코인과 금융과학기술 분야뿐만 아니라 역동하는 새로운 사회에서도 빠르게 형성되고 있다. 이것은 사회의 생태적인 거대한 변화이자 많은 사람이 제기한 혁명적 의의이다.

사회 각 분야에서 빅데이터가 누적되고 컴퓨터 성능이 크게 향상됨에 따라 사회 네트워크의 다원화와 복잡성이 인간의 생활 태도와 자유 선택 정신을 대신하여 블록체인 사회의 핵심 기반을 형성하였다. 우리들은 아마도 블록체인 사회의 미래를 지탱하는 포인트를 예측하기 어려울지도 모른다. 하지만 그것이 우리의 오늘날 생활 방식을 뒤엎는다는 것에 대해서는 의심하지 않는다. 중요한 것은 더 이상 블록체인의 정의가 아니라 우리가 어떻게 이해하고 블록체인 사회에 진입하느냐이다.

블록체인 선구자들은 우리의 시야와 사고 로직을 확장시켰지만, 블록체인의 광범위한 응용은 무수한 학습자와 혁신가로 하여금 블록체인 사회의 여러 갈림길로 통하게 하였다. 베이징금융국은 불법적인 투자와 악의적인 사기 영역의 응용을 예방하기 위해 블록체인 기술을 적극 지원하고 있으며, 중국 블록체인 응용연구센터를 설립하여 민간 공익 플랫폼을 세웠다. 또한, 2017년 1월 중국 블록체인 응용연구센터는 다보스포럼에 참가할 대표단을 구성하고, 25개 구성원이 조직한 글로벌 블록체인 상업이사회(GBBC) 창립에 참여하였다.

다보스포럼의 약정에 근거하여, 중국 블록체인 응용연구센터는 2017년 교재를 편찬하기 시작했고, 블록체인 응용의 공익성 보급 교육반을 열어 각계의 광범위한 호응을 얻었다.

블록체인 기술의 보급과 블록체인 응용 테스트는 새로운 창업자의 적극적 참여에 달려 있으며, 감독자의 관용과 보호에 달려 있다.
이 책이 블록체인의 미래 기반을 다질 수 있기를 기대한다.

중국 금융박물관 이사장

왕웨이

블록체인을 쉽게 이해할 수 있는 최고의 도서

우리는 이 세상을 바꾸는 방식이 줄곧 변하고 있다는 것을 인식하고 있으며, 기술은 그중 최대의 추진력이다.

블록체인이 탄생할 때부터 남몰래 밀어주던 신비한 손이 있었다. 최근 비트코인은 세상 사람들이 깜짝 놀랄만한 최고가에 도달하였다. 마치 지금 겉모습만 바꾸고 금융 변혁의 최상 계층의 설계로 만들어진 것처럼 짧은 시간에 이미 인터넷의 중요성과 어깨를 나란히 할 정도로 최고 평가를 받고 있다 .

모든 기술의 보급 과정에서 최대의 난제는 교육이다.

블록체인 기술의 팬들은 이 기술이 인터넷과 같이 일반인 사이에 평범하게 스며들어 가기를 무척 갈망하고 있다. 블록체인과 관련된 서적이 우후죽순 출판되고 있다. 기술적인 부분에 치중한 전문 서적과 비교해 보면, 이 책은 사람들에게 알기 쉬운 이정표를 제공할 것이다.

이 책은 쉽게 이해할 수 있다. 핵심 내용을 그림으로 그려 설명하였는데, 저자의 고심한 흔적이 종이 위에 생생하게 전해진다. 독자들은 그 속에서 어려운 기술 용어 뒤의 인문적 맥락을 느낄 수 있을 뿐만 아니라, 부지불식간에 유행하는 기술적 개념을 알게 될 것이다. 이것을 바탕으로 Circle of Friends(위챗의 모먼트)에서 블록체인의 지식 축적을 얻을 수도 있으며, 큰 힘을 들이지 않고 큰 이익을 얻을 수도 있을 것이다.

당연한 말이지만, 기술 보급의 길은 쉽지 않다. 온갖 노력을 다한 후에도 기본적인 기술 개념은 여전히 독자가 세세하게 체험할 필요가 있다. 독자가 금융박물관에 가서 비트코인 채굴 기기를 테스트해 보면, 왜 해시 비밀번호를 해제하기가 어려운지, 최신의 블록체인 변혁에 맞춰 따라가기 힘든지를 깨닫게 될 것이다.

당신은 일생토록 이런 고도의 헤아릴 수 없는 기술을 전부 배울 필요는 없다. 그러나 당신 주변의 모든 정보와 금융 서비스는 블록체인에서 발생되는 것으로 오늘 조금의 시간만 투자해 읽는다면, 당신이 좀 더 새로운 세상을 소유하도록 도와주고 새로운 기록 역사, 등기권리, 전이 가치의 방식을 이해하게 될 것이다.

이 책의 저자인 쉬밍싱은 비트코인 산업에서 무림 최고의 검객이다. 그가 설립한 비트코인 거래 플랫폼인 OKCoin은 중국에서 높은 평가를 받고 있다. 그는 블록체인의 기술을 보다 널리 확장하기 위

해 이 책을 썼다. 블록체인의 기술의 습득과 보급에 신선한 바람을
가져올 것이다.

DianRong 사이트 창시자, 공동 CEO

귀위항

목차

블록체인은 어떻게 시작되었는가

다음 정의를 활용하여 우연 뒤의 필연에 관해 이야기한다.

4차 산업혁명 시대로 접어든 현재 금융과학기술(FinTech)의 발전은 경이롭다. 인터넷과 과학기술의 발전에 따라 핀테크의 창의성도 싱귤래리티(Singularity, 특이점)를 맞이하게 되었다. 그중 현재 사람들의 관심을 가장 많이 끄는 것은 의심할 여지없이 블록체인 기술이다. 블록체인은 향후 5년간 가장 전망 좋은 산업 중의 하나로, 지금 현재 전 세계 대형 금융회사와 일류 은행이 모두 적극적으로 투자하고 추구하는 신흥 영역이다.

블록체인에 대해 우리가 먼저 토론할 문제는 '왜?'라는 명제이다. 왜 블록체인이 이렇게 인기인가? 무엇에 근거하여 블록체인이 세계를 바꿀 수 있다는 것인가? 이 문장을 서술하기 전에 우리는 《블록체인 혁명》, 《블록체인 금융》, 《상업적 블록체인》, 《블록체인 사회》, 《블록체인의 경제와 세계의 리모델링》 등의 저서를 읽었다. 각 산업의 전문가들은 경제, 비즈니스 발전, 인류의 역사, 기술 변혁 등 여러 방면에서 블록체인이 발달하게 된 원인과 그 배경의 논리를 상세히 서술하였다. 자세히 읽은 후에는 블록체인의 매력에서 벗어날 수 없을 정도로 깊게 빠져들었다. 이 장에서 나를 가장 놀라게 한 블록체인의 4개 측면(장부의 변천, 가치 전이, 신용 원가, 기술 혁신)을 선별하여 도대체 블록체인은 왜 생겨났으며, 무엇 때문에 왔는지에 대해 얘기해 보고자 한다.

장부의 변천과 발전 과정

블록체인은 21세기를 선도하는 경이로운 기술로서, 블록체인을 설명하는 가장 직접적인 단어는 '분산식 장부'이다. 그러면 우리는 먼저 장부 기재의 변혁 과정에서 블록체인이 왜 생겨날 수 있었는지, 또한 분산식 장부의 기술은 어떻게 경제 사회의 변혁을 일으킬 수 있었는지를 찾아보자.

[그림 1-1] 구석기 시대의 장부 기록

 먼저 시간을 되돌려 아주 오랜 옛날 구석기 시대로 되돌아 가보자. 수만 년 전의 사람들의 장부 기록은, 오늘은 양 몇 마리를 사냥했고, 소 몇 마리를 먹었다는 것을 기억에 의존하였다. 무턱대고 전부 외우고 암산하는 것이었다.

 그 후 촌락 사람 수가 점점 많아질수록 생산력도 점점 높아지게 되어 과잉 생산된 물건들이 출현하기 시작하고, 그것을 처치할 수 없어 곤란을 겪는 사람도 많아졌다. 이때 촌락에서의 경제 수요 역시 복잡해지면서 단순히 수를 세는 것으로는 이미 만족할 수 없었다.

[그림 1-2] 처음에는 그림을 그려 장부를 기록했다.

따라서 기록하는 방법을 개선해야 했다. 사람들은 각종 부호를 사용하여 간략하게 기록하거나 그림을 그리는 방법을 고안해 냈다.

후에 촌락 사람들이 갈수록 많아지면서 장부에 기록해야 하는 물건 역시 갈수록 많아졌고, 제도와 형상화에 힘을 쏟게 되었다. 또한, 장소를 차지하는 기록 방식은 수요를 완전하게 따라갈 수 없었다. 그래서 새끼로 매듭을 지어 기록하는 방식이 출현하게 되었다. 새끼로 매듭을 지어 사건을 기록하는 것은 역사 교과서에도 언급되었다. 새끼로 매듭을 지어 기록하는 것은 기록 대상, 수량 변화, 최종 결과에 대해 모두 확정적인 표현 형식을 이루었다. 이때 장부에

[그림 1-3] 장부 기록의 기원: 새끼로 매듭을 지어 기록했다.

기록하는 몇 가지 근본 원리가 출현하였는데, 이것이 장부의 기원이라고 말할 수 있을 것이다.

원시 사회 말기에 생산력의 발전은 전과는 비교할 수 없는 수준에 도달하여, 남은 물품은 갈수록 많아지고 농업, 축산업, 수공업으로 구분되어 확대됨으로써 문자가 출현하게 되었다. 사람들은 글자 등의 문자를 사용하여 기술식 회계 기록법을 시작하고 수입과 지출 관련 사항은 시간의 발생 순서에 따라 장부를 기록하였다.

그 후 기원전 5세기에 이르러, 고대 그리스·로마 노예 사회의 경제가 발전하면서 분개 장부와 현금 출납부가 출현하였다. 이는 시간, 물품명, 인명, 화폐 자금 등에 따라 분리되어 설치된 계좌와 유사한 장부를 의미한다. 이 시기에 장부의 역사는 이미 단식부기법 시대로 발전하였다.

[그림 1-5] 단식부기법 시대

이어서 상대적으로 광범위한 복식부기법의 유통을 이야기해 보자. 중국의 복식부기법은 17세기 용문장(龍門賬)에서 기원하였고, 그 후 또 다시 사각장(四脚賬)으로 발전하였다. 유럽의 복식부기법은 12~13세기에 출현하여 이탈리아의 상인과 은행가들이 사용하였다. [1]복식부기법은 경영 자본을 충분히 계산할 수 있었을 뿐

---

① 지역 주식시장에서 블록체인 기술의 5대 응용[EB/OL]. (2017-03-16)
　[2017-05-18] http://www.51jrit.com/news/detail/6246.

만 아니라, 이윤과 자본을 분리할 수 있어 기업 경영의 지속성을 보증하였다.

[그림 1-6] 복식부기법 시대

그 후 19세기가 되어서 정보 기술이 폭발적으로 발전하여 기업의 소유와 경영을 더 이상 한 사람이 담당할 수 없게 되었다. 모두가 장부를 봐야 했고, 이를 처리하는 작업 역시 갈수록 복잡해졌다. 만일 내가 이 기업의 최대 주주이지만 회사에 관여하고 싶지 않다면, 전문 경영인을 초빙해서 이 회사를 관리하도록 할 것이다. 그리고 연말 성과급 지급 시기가 되어 운영 보고서에 10억 원을 받을 수 있다고 기재되었다면, 이때 나는 "장부를 보고 싶다."라고 말할 것이다.

그런 다음 광고비가 자신의 연봉보다 더 많은 30억 원이 지출된 것을 보게 된다면, 당신은 기록된 장부가 맞는 것인지, 마구잡이로 쓴 것은 아닌지 의심하게 되며, 불안한 마음에 인증받은 회계사를 고용하여 전문적으로 장부 기록을 책임지게 할 것이다. 이와 같이 장부 기록 역사의 지속적인 발전으로 장부를 기록해야 하는 요구가 증가되고, 기업의 소유자와 경영자가 장부로 인해 신뢰 문제가 발생하면서 회계사라는 직업이 생겨났다. 이후 컴퓨터 기술의 빠른 보급이 회계 산업의 신기원, 즉 회계 전산화로 이끌었다.

[그림 1-7] 19세기: 회계사의 탄생

21세기 정보화, 데이터화, 스마트화의 세계가 되면서 장부 기록 방법도 지속적으로 완벽해지고 혁신적으로 변화하였다. 그러나 여전히 정보의 비대칭과 신용 문제가 존재하였다. 가장 간단한 예를 들면, 완벽하고 정확한 공개 정보를 얻지 못한다면 장부를 감사하는 회계사를 어떻게 믿을 수 있겠는가? 회계사 사무소와 회사가 결탁하여 가짜 장부를 만들었다고 의심하지 않을 수 있는가? 이러한 문제를 해결하기 위해서 우리에게 새로운 선택을 준 것이 비트코인의 기반이 되는 블록체인이다. 그것은 하나의 분산식 공유 장부로 볼 수 있다.

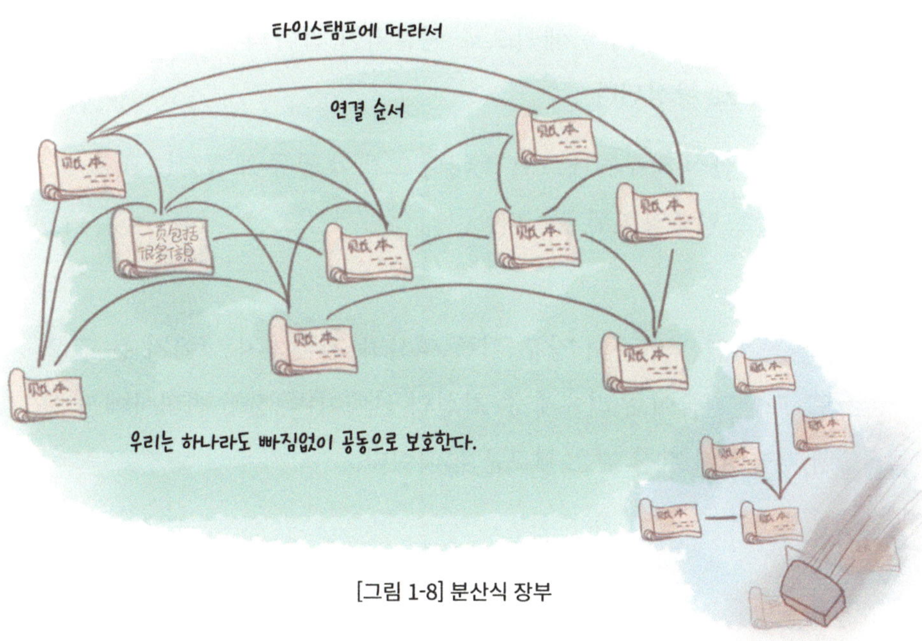

[그림 1-8] 분산식 장부

　장부 변혁의 측면에서 보면, 블록체인은 일종의 분산식 공유 장부 시스템이다. 이 장부는 아래의 3가지 특징을 가지고 있다.

1. 무한대로 증가할 수 있는 초대형 장부 – 각 블록은 장부 한 페이지로 볼 수 있는데, 한 블록이 증가할 때마다 장부도 한 페이지가 많아지고 이 페이지에는 하나의 혹은 여러 개의 기록 정보가 포함될 수 있다.

2. 암호와 순서가 있는 장부 – 장부 정보는 하나의 블록으로 구성되어 있어서 암호를 풀 수 있는 동시에 새로운 타임스탬프로 덮을 수도 있다. 각각의 블록은 타임스탬프 순서에 따라 체인으로 연결되어 하나의 전체적인 장부로 형성된다.

3. 분산식 장부 – 네트워크 내의 고객이 공동 보호되는 것으로, 탈중앙화된 것이다.

　블록체인은 인류의 장부 기록 역사가 지금까지 이어져 온 것으로, 과학 기술이 우리에게 준 최신의 선택이며, 장부 변혁사에서 실행 가능성이 가장 높은 새로운 형태이다.

가치 전이: 인터넷 다음에는 또 무엇이 있나?

인터넷은 우리가 이미 더 이상 낯설어 하는 개념이 아니라 우리 생활의 곳곳에 들어와 있다. 인터넷은 정보를 보다 빠르고 낮은 원가로 정보의 고속화를 실현하고 낮은 원가로 전송이 가능한 정보 고속도로와 같다. 하지만 인터넷은 일종의 특수 정보를 전달할 방법이 없는데, 이것이 바로 화폐이다. 블록체인은 일종의 가치 전송 인터넷이므로 이러한 문제를 해결할 수 있다.

먼저 인터넷의 탄생을 살펴보자. 1993년 미국은 국가정보 인프라(National Information Infrastruction)라는 새로운 계획을 선포하였다. 목적은 정보 고속도로를 건설하여 모든 미국인이 정보 자원을 영유하고 사용할 수 있게 하는 것으로 이는 오늘날 우리가 사용

[그림 1-9] 인터넷의 탄생

하는 인터넷의 초기 형태이다.

인터넷에서 우리는 쉽고 빠르게 정보를 생성하고, 어떤 것도 복제를 할 수 있으며, 모든 정보 역시 효율적으로 전파할 수 있다. 이리하여 우리는 정보의 폭발 시대에 진입했다. 폭발적인 정보에 대한 사람들의 갈망을 만족시키기 위하여 정보 전송 기술 역시 빠르게 꽃을 피웠으며, 클라우드, 브레이크포인트(breakpoint) 전송 기술 등과 같은 끊임없는 혁신이 이루어졌다.

우리는 점점 많은 정보가 간단하게 복제되고 붙여지는 것을 발견할 수 있을 것이다. 이는 채널, 그림, 음성 등과 같이 사용될 수 있으나 어떠한 정보는 복제할 방법이 없으며, 만일 복제가 되더라도 특별한 의미가 없는 것이다.

[그림 1-10] 가치 전이는 어떻게 해결되는가

　예를 들면 우리가 지급하는 돈을 직접 상대방에게 복제하는 것은 불가능하다. 또한, 지급할 계좌에서 일정 부분의 돈을 공제해야 한다면 결제 계좌에 일정 부분 돈을 추가해야 비로소 지급할 수 있다. 하나의 채널이 다른 인터넷 사이트에 복제될 수도 있을 것이다. 그러면 두 개의 사이트 모두 이런 채널을 볼 수 있고, 사람들도 함께 공유하고 누릴 수 있을 것이다. 그러나 이러한 전이는 나눌 수 없는 가치가 있는 정보에 대해서 종종 신용 배서가 필요하다. 인터넷에서는 정보의 공유가 잘 처리되지만, 오히려 거래의 가치 전이를 해결할 수는 없다. 가치 전이의 이러한 개념을 좀 더 간단하게 설명하면, 일부 가치를 A주소에서 B주소로 옮기면 A주소는 명확하게 이

[그림 1-11] 제3자를 통한 거래(중앙화)

부분의 가치가 줄어들며, B주소는 명확하게 이 부분의 가치가 증가한다.

가치 전이는 A와 B의 2가지 독립적인 참여자를 통해야 하는데, 그러면 이런 오퍼레이션은 반드시 동시에 A와 B의 허가를 얻어야 하고, 결과는 A와 B 중 어느 한 측의 조정을 받을 수 없으며, 현재의 인터넷 협의는 가치 전이의 기능을 지원하지 않는다. 따라서 현재의 가치 전이는 직접적인 전송이 아니라 중앙화된 제3자가 배서하고 있다.

지금의 중앙화 기구는 정부 또는 그룹 회사의 배서를 통해서 소유한 가치 전이의 계산 모두 하나의 중앙 서버에서 처리를 진행하고, 그중에 반드시 사람의 참여가 포함되어야 한다. 사람의 '유한적 이론'과 '기계주의 행위'는 종종 전체 시스템을 신뢰할 수 없게 변질시키곤 한다. 그렇게 되면 가장 기본적인 문제가 발생한다. 어떻게 신용 합의를 달성할 것인가?

블록체인 기술은 이러한 응용에서 생겨났다. 그것은 제3자의 신용 배서가 없는 상황에서 개방식 플랫폼은 원격으로 안전한 지급을 진행한다. 블록체인은 세계 곳곳의 지점에 퍼져 있어서 모든 거래 이력 기록을 보존한다.

그뿐만 아니라 인터넷에서 권한을 부여받은 참여자 모두 완전히 동일한 장부를 보존하고 있는데, 일단 장부에 대해 수정을 진행하면 모든 복사본의 데이터 역시 몇 분 안에, 심지어 몇 초 안에 모두 수정이 완료된다.

[그림 1-12] 블록체인의 신용 합의

분산식 장부는 거래마다 하나의 타임스탬프가 있어 중복 지급의 발생을 방지할 수 있다.

이는 블록체인이 순수하게 P2P(Peer to Peer)의 가치 전이 체계를 구축할 수 있다고 말할 수 있다. 필요한 노드를 신뢰할 수 없는 상황에서 블록체인은 시스템 내의 데이터 기록의 완전성과 안정성을 보증할 수 있으며, 제3 기구의 배서에서 벗어날 수도 있고, 거래의 복잡성과 위험성을 낮추는 데 효과적이다.

마지막으로, 블록체인의 또 다른 특징인 프로그래밍 기능에 대해 설명하면, 이는 오픈소스 기술로서 인터넷의 개방성은 화려한 인터넷 시대를 창조해 냈다.

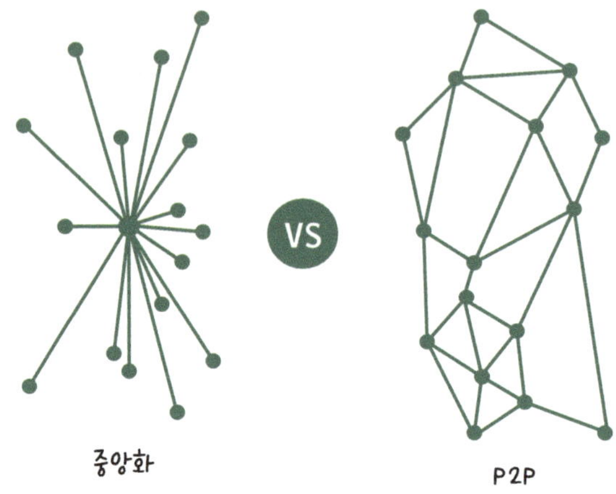

[그림 1-13] 중앙화 VS P2P 구조

그렇다면 오픈소스 블록체인 기술도 새로운 세계를 개척할 수 있다고 예측할 수 있을 것이다.

신용 원가: 당신은 얼마나 많은 사람의 얼굴을 기억할 수 있는가?

혹시 얼마나 많은 사람의 얼굴을 기억할 수 있는지 생각해 본 적이 있는가? 중국에서 발생한 초대형 온라인 금융 사기 사건인 'e주바오(e租宝) 사건'을 들어본 적이 있는가? 이런 것들은 모두 신용 합의(Credit Consensus)라는 문제와 관련 있다. 어떤 비용이 필요하다고 생각하는가? 공신력 있는 기구에서 문제가 발생하면 어디를 신뢰해야 하는가?

　한 인류학자가 부족을 연구한 결과, 각 부족은 약 150명의 범위에서 통제된다는 것을 발견하였다. 사람들이 더 많아지게 된다면 서로를 기억할 수 없게 되고, 기억을 못하는 얼굴은 친밀감을 느끼지 못하게 되며, 친밀감을 느끼지 못하면 신뢰를 쌓을 수 없고, 신뢰가 없다면 촌락 간의 전쟁과 분쟁이 영원히 끊이지 않기 때문이다.

[그림 1-14] 촌락 시대의 신뢰 위기

　부족 시대 때 한눈에 많은 것을 보고 기억해야 하는 사람들은 짙은 눈그늘이 생겼을 것이다. 오늘날의 인터넷 시대에서는 왜 사람들이 천 리 밖에서 옷을 파는 상인을 믿고 그에게 돈을 지급하는 것일까? 이런 거래 과정에서 우리는 국가 기구 또는 대기업을 신뢰하고, 옷을 파는 사람은 여전히 신뢰하지 못한다. 하지만 국가 또는 대기업의 배서가 있으면 우리는 이를 신뢰의 증거로 삼으려 한다.
이것은 상호 신뢰를 높이는 일반적인 방법이다.

[그림 1-15] 인터넷 시대의 신뢰의 중앙화

그렇게 사람들 간의 상호 신뢰를 높이기 위한 방법 중에서 신뢰
의 위기를 해결할 수 있는 유용한 도구가 바로 블록체인이다. 블록
체인은 비트코인 금융 시스템의 핵심 기술이며, 실질적으로 끊임
없이 성장하고 있는 분산식 결산 데이터베이스로 정보 시스템에서
의 신뢰 위기를 완벽하게 해결할 수 있다.

블록체인은 '당신은 모르는 사람을 무엇을 근거로 믿습니까? 다
른 사람은 당신을 무엇으로 믿습니까?'라는 문제에서 기원한 것이
다.

블록체인은 계산 방식의 증명 메커니즘을 통해 전체 시스템에서
의 모든 노드가 신뢰의 환경에서 충분히 안전하게 데이터를 교환

할 수 있다는 사실을 보증한다. 시간과 금전적 소비를 하는 다른 도구의 기술과 비교해 보면, 블록체인은 실시간 자동으로 낮은 신용 원가에 실현할 수 있다.

[그림 1-16] 블록체인이 가져온 신뢰의 스마트화

사람을 신뢰하는 것은 기술을 신뢰하는 것과 다르다. 블록체인 기술은 지능화된 신뢰를 가져온다. 한 가지 예를 들면, 온두라스 정부는 블록체인으로 새로운 부동산 계약 등기와 거래 제도를 구축하였다. 이전의 온두라스는 계속해서 정세가 불안정하였으며, 공직자들은 나태하여 등기가 상세하지 않거나 기록이 유실되었기 때문에 등기에 대한 분규가 많은 나라였다. 블록체인 기술의 안전한 암호 기능으로 등기를 보호해 주기 때문에 사람들은 더 이상 정부의 부패로 인해 자신의 재산권이 왜곡 당하는 일이 발생하는 것에 대해 걱정할 필요가 없어졌다.

[그림 1-17] 정부의 부패는 재산권의 왜곡을 야기한다.

미래의 디지털화된 정보는 모두 블록체인에 가입할 수 있으며, 체인에 가입하면 정보의 재산권이 명료해질 수 있다. 또한, 보호 조건을 설정할 수 있으며, 거래 계약은 자동으로 시작하고, 강제로 시행할 수 있으므로 더 이상 검증과 집행을 걱정할 필요가 없어진다.

신용 원가의 문제에 대해 설명을 마쳤다. 우리는 다시 한번 'e주바오 사건'을 살펴보자. 이 사건을 통해 우리는 공신력의 문제를 고민해 보도록 하자.

2015년, 'e주바오'라는 P2P(개인과 개인 사이의 대출) 회사가 모든 규칙을 위반하여 사회를 혼란하게 하고, 중국 전체에 큰 충격을 주었다. 사건이 발생하기 전에[①] 'e주바오'는 황금 시간대에 대량의 광고를 하였고, 상당한 공신력을 이용하여 높은 위험을 안고 있는 인터넷 금융 상품에 대해 배서를 진행하였다. 투자 지식이 부족한 투자자들이 두려움을 모르는 묻지마 투기자가 되면서 비극이 시작되었다.

[그림 1-18] e주바오 사건

① e주바오 사건이 초래한 인터넷 금융 트라우마[EB/OL].
   [2017-05-18]. http://weixin.niurenqushi.com/article/2016-03-07/4176154.html.

현실 사회에서 개인과 개인, 개인과 기업, 기업과 기업 사이의 거래는 공신력이 뒷받침되어야 한다. 공신력은 사회생활에서 공공의 권리 측면에서 시차 순서, 대중의 거래 및 이익 교환 시에 공평, 공정하며 공개적이고, 인도주의적이며 민주적이고 책임이 있는 신뢰의 힘을 보여주어야 한다. 이전 사회에서 공신력은 일반적으로 정부, 국가 기관 혹은 정부의 권한을 위임받은 제3의 조직이 제공하였다.[1]

블록체인 기술은 공신력의 요구를 만족시킬 수 있으며, 공신력을

[그림 1-19] 블록체인의 공신력

---

① 차이웨이더, 뤄지아, 블록체인이 가져온 공신력 혁명–블록체인으로 보험 산업에 영향을 준 예 [EB/OL]. (2015-12-15) [2017-05-18]. http://www.civillaw.com.cn/zt/t/?id=29937.

정부 혹은 제3의 조직이 장악하고 있는 존재가 아닌 추상적인 하나의 독립된 존재로 만들어 정부·국민·블록체인과 공신력이 서로 감독하는 '공신력을 가진 새로운 구조'를 형성하게 된다.

신뢰는 블록체인에서 세워지며 단일의 조직이 장악하는 것이 아닌 공신력으로부터 다자 간 교차 검증과 감독을 할 수 있다.

블록체인의 공신력은 어떤 특징이 있는가?

1. 블록체인은 분산식이다. 블록체인의 공신력은 네트워크 상에서 많은 독립적 노드를 가지고 있으며, 노드마다 백업 정보를 가진다. 권한을 부여받은 사람들은 모두 하나의 임의 노드로부터 전체 정보를 다운로드받을 수 있고, 동시에 그 흐름을 살펴볼 수 있다. 동시에 블록체인의 공신력 있는 인터넷 역시 왜곡될 수 없다. 만약 임의의 노드가 의도적으로 정보를 왜곡하더라도 기타 노드에 의해 발견될 수밖에 없다. 이렇게 수정된 노드를 확인할 수 없다면 의도적으로 왜곡된 노드의 공신력은 즉시 상실하게 될 것이다.

2. 블록체인의 공신력 모델에서 블록체인은 정책을 수립하지 않고 단지 공증인의 역할을 할 뿐이며, 정부가 정책을 수립하고 실행한다. 블록체인의 역할은 정부를 도와 더욱 빠르고 정확하게 전 국민이 정부의 정책을 받아들이

고 인정하게 하는 것이다. 동시에 블록체인은 복제될 수 있는 불변의 데이터베이스이므로 정부의 정책이 공개적이고 투명하게 바뀌게 된다.

신뢰의 과정에서 블록체인은 실제로 합의에 기반한 수학적 방식으로 기계 간의 신뢰를 구축하고 신용 창조를 완성한다. 이러한 특징을 바탕으로 공신력 향상을 이끌어간다. 《경제학인》 잡지에서는 "블록체인은 신뢰를 창조하는 기계로 블록체인의 핵심 쟁점은 신용 합의 문제를 해결하는 것이다."라고 서술했다.

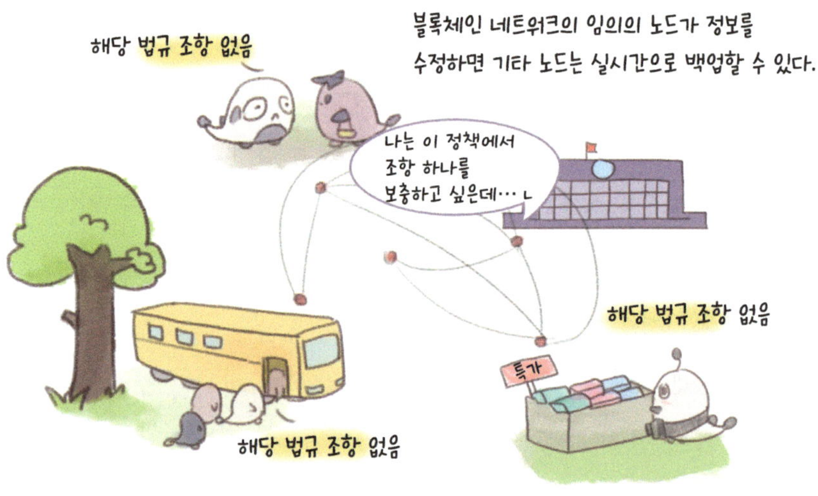

[그림 1-20] 블록체인의 공신력

기술 혁신: 비트코인에서 블록체인까지

우리는 블록체인이 비트코인의 기반 기술이며 분산식 데이터 저장 모드이자 암호를 저장한 화폐(예: 비트코인)의 거래 기록 공동 장부라는 것을 알고 있다.

블록체인과 디지털 화폐의 관계에 대해 말하자면, 블록체인은 비트코인의 요구를 충족하기 위해 만들어졌다고 할 수 있다. 2008년 신비의 인물인 '사토시 나카모토'가 논문 〈비트코인: P2P의 전자현금 시스템〉을 발표하였는데, 이 논문이 블록체인 기술과 암호화된 디지털 화폐 발명의 기초가 되었다.

[그림 1-21] 비트코인의 출현

이 논문에서 비트코인의 몇 가지 기본 원칙이 제기되었다.

1. 단순한 P2P의 전자현금 시스템으로 온라인 지급에서 직접 한쪽이 제의하면 다른 사람이 지급할 수 있어서 중간에 어떤 금융 기구를 통할 필요가 없다.

2. 신용 제공이 필요 없는 제3자가 지급하여 이중 지급을 방지할 수 있고 P2P인 인터넷 환경이 이중 지급을 해결하는 하나의 방안이다.

3. 전체 거래에 대해 타임스탬프를 더하여 끊임없이 확장하고 해시 계산법의 작업량을 기초로 증명된 체인이 거래 기록이 된다. 새로운 완전한 전체 작업량을 증명하는 것을 제외하고는 형성된 거래 기록은 수정할 수 없다.

4. 가장 긴 체인은 관찰된 일련의 사건의 증명으로 삼고, CPU(중앙처리기)의 계산 능력이 최대치로 간주한다. 대다수 CPU의 계산 능력은 협력 공격을 받지 않은 노드로 제어되면서 공격자의 체인을 초과하는 가장 긴 길이의 체인을 생성하게 된다.

5. 이러한 시스템 자체가 필요로 하는 기초 시설은 매우 적으며, 노드는 전체 네트워크에서 정보를 전파하기 위해 최선을 다한다. 노드는 수시로 네트워크에서 벗어났다가 다시 참여할 수 있으며, 최장의 작업량은 이 노드가 오프라인 기간에 발생한 거래를 증명함으로써 입증된다.

앞에서 서술한 관점과 논리는 중앙 집중식 개입이나 참여 없이 인터넷으로 신용을 중개하는 역할만 한다면 효과적인 P2P 거래를 실현될 수 있을 것이다.

이런 이론에 의거하여 첫 번째 비트코인 거래 시스템이 생겨났다. 첫 번째 블록체인(제네시스 블록체인)이 생성되었고, 첫 번째 비트코인 지급 사례가 발생했다. 지금까지 비트코인은 8년간 안정적으로 운영되었고, 기술상의 심각한 오류가 나온 적이 없다.

[그림 1-22] 비트코인은 지난 8년간 안정적으로 운영되었다.

실제로 비트코인의 기반 기술인 블록체인과 비트코인은 단순한 '부자' 관계가 아니며, 블록체인 역시 비트코인의 의외의 산물이 아니다. 블록체인의 생성은 비트코인에 맞춰 출현한 것으로 블록체인은 비트코인의 유도성(affordance)을 띠고 있으며, 이러한 운반체는 보다 폭넓은 교차 가능성을 제공하고 있다.

블록체인의 원리는 무엇인가

신용 합의가 가져온 스마트 신뢰

설날 고향 집에 가면, 나는 항상 같은 질문에 답을 해야 한다. 어떤 일을 하고 있니? 언제 결혼할 거야? 한 달 수입은 얼마나 되니? 그러나 나의 대답은 그들을 만족시킬 수 없었다. 원인은 내가 블록체인 회사에서 일을 할 때부터 사람들이 물어보는 질문이 바로 '블록체인이 뭐야?'였기 때문이다.

나는 인터넷에 알려진 개념을 인용하여 설명해 주기도 하고, 블록체인 기술로 얼마나 대단한 일을 하는지에 대해 설명하기도 하지만, 그들은 여전히 블록체인이 무엇인지 잘 이해하지 못한다. 좀 더 간단하게 설명할 수는 없을까?

그래서 나는 블로그, 지식 교환 플랫폼인 '쯔후(知乎)'에서 해답을 찾기 시작했다. 블록체인이라는 이 난해하고 추상적인 개념을 어떻게 이해시키는지 보고 싶었다.

그중에서 2편의 주제가 나에게 매우 깊은 인상을 남겼다. 첫 번째 주제는 쯔후에서 가장 뜨거운 이슈인 '어떻게 지식이 부족한 룸메

이트에게 블록체인을 설명할 것인가?', 두 번째 주제는 '블록체인
의 합의 제도'이다.

다음의 설명은 그들의 관점을 부분 인용하였고, 그들이 말하는
방식으로 서술하였다.

블록체인이란 무엇인가?

블록체인과 자전거 타는 사람

2016년, JP 모건스, 시티그룹, 골드만삭스, 나스닥 등의 세계 금융
의 선두주자들이 모두 블록체인 기술에 대한 관심을 표시하였다.
거대한 그룹들이 주목하고 있는 블록체인 기술은 분산식 장부라고
도 불린다. 그러면 분산식 장부는 도대체 무엇인가? 우리는 먼저
다른 이야기부터 하고자 한다.

나스닥이 생기기 전에 사람들은 자전거로 채권이 가득한 자루를
싣고 월스트리트를 오고 갔다. 목적은 바로 최대한 빨리 완벽하게
결제하기 위함이었다. 그 후에 업무가 갈수록 많아지면서 자전거
로는 감당할 수 없었다. 1960년대 월스트리트에서는 매주 4일간,
매일 4시간만 거래가 이루어졌는데 결제 속도를 거래량에 맞추기
위해서였다.

이렇게 발전하면서 모두 이대로는 안 되며, 자전거는 계산기를
따라갈 수 없다고 생각했다. 1971년 누군가 회의 석상에서 "새로

[그림 2-1] 월스트리트에서 자전거를 타는 사람들

운 방법을 생각해 봅시다. DTC(미국 신탁예탁회사)의 결제 시스템을 제안합니다."라고 말했다. 이 시스템의 방법은 모든 거래가 시스템 내에서 진행되어야 하고, 중개인 역시 이 시스템에 접속하여야 하는 것도 포함되었는데 현재 나스닥에서 지금도 사용되고 있다.

명확한 것은 이러한 문제에 대해 단지 가속 페달을 밟을 수 있는 자전거로 바꾼 것 뿐이라는 점이다. 우리들은 가끔 TV 드라마에서 황제나 한 가정의 가장이 세상을 떠나면 전체 국가 또는 민족이 혼란에 빠져 붕괴되는 것을 자주 보았다. 근본 원인은 중앙 집권에 있으며, 이러한 시스템이 영원히 존재할 수 있는 방법은 없다.

거래와 중개인이 너무 많을 때, 우리는 이 시스템이 마비되거나 심지어 폭락하여 거래가 중단되는 위기가 올 수 있음을 알 수 있다.

[그림 2-2] 중앙화된 DTC 결제 시스템

이에 따라 전문가들은 자율형, 분산식 시스템의 좋은 점이 무엇인지를 생각하게 되었다. 답은 긍정적이었다. 블록체인은 하나의 분산식 장부로써 노드마다 총계정 원장을 보여줄 수 있고, 그런 후에 총계정 원장을 유지 보수할 뿐만 아니라 장부를 의도적으로 고칠 수 없다. 51%를 초과하는 노드를 제어하는 것을 제외하고는 장부를 고치는 것이 불가능하다.

간단하게 말하자면, 예컨대 당신의 집에 장부가 하나 있고, 당신이 장부를 기록하는 일을 담당하고 있다. 이전에 당신은 부모님으

로부터 월급을 받고 장부에 기록하는데, 당신이 맛있는 것을 사먹고 싶은 충동이 생길 경우에는 장부에 몇천 원을 적게 기록할 수 있을 것이며, 또한 휴대전화를 사고 싶어지면 장부에 몇십만 원을 적게 기록할 수 있을 것이다. 이것은 하나의 예로, 사람들은 대부분 아주 어렸을 적에 부모님의 주머니에서 돈을 몰래 빼내어 쓰고 싶었을 것이다

[그림 2-3] 중앙화된 가정의 장부

그러나 분산식 장부가 생긴 후에는 당신이 장부를 기록하면 당신의 아버지, 어머니도 장부를 기록하고 있어서 원장을 모두 볼 수 있기 때문에 이런 문제는 발생할 수 없다. 당신이 수정을 할 수 없다

면, 부모님 역시 수정할 수 없어서 담배를 사고 싶은 아버지나 먹을 것을 사고 싶은 당신 모두 방법이 없다.

블록체인은 본질적으로 탈중앙화된 분산식 장부로 그 자체가 암호학을 사용하여 서로 관련이 있는 데이터 블록을 생성해 내며, 각 데이터 블록에 여러 가닥 비트코인의 인터넷 거래에 효과적으로 확인이 가능한 정보를 포함한다.

[그림 2-4] 분산식 가정 장부

중앙화와 탈중앙화

앞에서 우리는 블록체인의 본질이 탈중앙화된 분산식 장부라고 설명하였다. 그러면 이른바 중앙화란 무엇인가? 이런 문제를 생각한다면, 먼저 인터넷에서 책을 한 권 주문하여 거래 프로세스를 살

퍼볼 필요가 있다.

1단계: 구매자가 주문을 한 후 알리페이에 송금한다.

2단계: 알리페이가 송금을 받으면 판매자에게 물건 발송을 통지한다.

3단계: 판매자는 통지를 접수한 후에 구매자에게 물건을 발송한다.

4단계: 구매자가 물건을 받은 후 만족하면 물건 수령을 확인한다.

5단계: 알리페이가 구매자의 통지를 접수하면 판매자에게 판매대금을 지급한다.

[그림 2-5] 중앙화된 거래 프로세스

이런 거래 프로세스는 구매자와 판매자가 거래를 하지만 전체 거래는 알리페이를 중심으로 전개되는 것을 알 수 있다. 따라서 천재지변으로 알리페이의 서버가 파손되거나 글로벌 경제 위기로 알리페이가 도산하는 등 알리페이 시스템에 문제가 발생한다면, 알리페이는 어쩔 수 없이 이 거래가 존재하지 않는다는 것을 표명할 것이다. 그러면 이 거래는 최종적으로 실패로 끝나게 되고, 이때 판매자와 구매자는 서로 뒤엉겨 양측은 스스로 증명할 방법이 없게 된다.

[그림 2-6] 중심 노드의 훼손은 거래의 실패를 일으킬 수 있다.

블록체인 소도시의 시뮬레이션

탈중앙화의 블록체인이 어떻게 운영되는지 설명하기 위해 먼저

탈중앙화의 간략화된 분산식 구조를 극단적 상황에서 탐구해 보고자 한다. 탈중앙화의 소도시에는 5명(A, B, C, D, E)의 귀엽고 활발한 어린 친구가 있는데, 그들이 서로 돈을 빌릴 때 다음과 같이 한다고 가정해 보자.

B가 A에게 500원을 빌렸다고 가정하면, 이때 도시의 사람은 어떻게 할 것인가? A는 군중에게 큰소리로 "나는 A인데, B가 500원을 빌려 갔어요."라고 소리치고, B 역시 사람들 속에서 큰소리로 "나는 B입니다. A가 나에게 500원을 빌려 주었어요."라고 소리친다. 이때 도시의 다른 사람 C, D, E가 이 소식을 듣고 자신들의 작은 장부에 "몇년 몇월 몇일, A가 B에게 500원을 빌려주었다."라고 적는다.

[그림 2-7] 탈중앙화 도시의 장부 기록

우리는 탈중앙화 모델을 근본적으로 단순화할 경우 5명으로 구성된 도시에서 탈중앙화 시스템이 구축되었음을 알 수 있다. 이 시스템은 은행이나 알리페이가 필요하지 않다. 이 모델은 신뢰 관계도 필요 없으며 또한 공신력 있는 기구가 포함될 필요도 없다. 분산식 구조에서 사람마다 모두 장부를 기록할 때 왜곡된 장부는 발생할 수 없는 것이다. 만일 B가 갑자기 "나는 A에게 10만 원을 빚지지 않았어."라고 장부를 인정하지 않는다면, 이때 C 또는 D 또는 E는 "틀렸어, 나의 장부에는 확실하게 당신이 몇년 몇월 며칠날에 A에게 10만 원을 빌렸다고 기록되어 있고, 당신이 그 돈을 갚았다는 기록은 찾을 수 없어."라고 말할 수 있을 것이다.

[그림 2-8] 분산식 장부의 왜곡은 불가능하다.

여기에서 하나의 문제를 발견했는지 모르겠다. 이 모델에서 이른 바 10만 원은 근본적으로 중요치 않으며 사람들도 개의치 않는다. '10만 원'은 이미 하나의 변화량으로 바뀌었고 그것은 어떠한 개념으로 교체될 수 있다. 만일 대부분의 사람이 이것을 가치 있는 물건이라고 인정한다면 그것으로 된 것이다.

예를 들어 A가 큰소리로 "나는 발라라스 에너지를 만들어 냈다."라고 소리쳐서 도시에 사는 많은 사람이 들었고, 그들이 모두 자신의 노트에 "A가 발라라스 에너지를 가지고 있다."라고 기록했다고 가정하면, 심지어 발라라스 에너지가 무엇인지에 대해 알 필요가 없는 사람을 포함한 대부분의 사람은 A가 진짜 발라라스 에너지를 가지고 있다고 인식하게 된다. 그러면 그 후에는?

[그림 2-9] 발라라스 에너지의 유통

A는 무엇을 할 수 있을까? A는 다시 큰소리로 "나는 B에게 발라라스 에너지를 주었다."라고 소리친다면 도시의 모든 사람이 이 거래를 인정하게 될 것이고, 그렇게 해서 거래가 진짜로 성립되는 것이다. 비록 실제 생활에서는 발라라스 에너지가 없다고 하더라도 말이다.

소도시에서의 몇 가지 문제

당연히 블록체인의 세계는 이렇게 간단할 리 없다. 그것은 다른 규칙으로 서로 제약이 있다. 우리는 먼저 아래의 몇 가지 문제를 해결해 보도록 하자.

문제 1: 당신은 무엇에 근거하여 장부를 기록하는가?

무엇을 근거로 당신이 하늘을 향해 소리를 지르면 다른 사람들이 당신을 도와 장부를 기록한다고 생각하는가? 다른 사람의 시간은 돈이 들지 않는단 말인가? 다른 사람의 노트는 돈이 들지 않는가? 그래서 모두가 나를 도와 장부를 기록하도록 하기 위해서는 나는 한 가지 새로운 규칙을 추가하는데, 처음으로 내가 소리친 말을 듣고 노트에 기록한 사람에게 포상을 주는 것이다. 포상 제도는 매우 간단하다. 처음으로 내가 말한 소리를 듣고 기록한 사람은 발라라스 에너지를 포상으로 얻을 수 있다.

이 발라라스 에너지는 그저 주는 것이 아니라 당신의 노동에 대한 대가로 아르바이트를 해서 돈을 버는 것과 같다고 볼 수 있다. 당신이 나를 도와 장부를 기록한다면, 모든 시스템이 당신에게 대가를 줄 것이다.

당신이 해야 하는 일이 몇 가지 있다. 먼저 모든 사람보다 먼저 나의 말을 듣고 자신의 노트에 기록한다. 기록한 다음 당신은 바로 모든 사람에게 내가 이미 기록했으니 당신들이 다시 기록하는 것은 아무 쓸모가 없다고 알려야만 다른 사람들이 돈을 버는 행위를 포기할 것이다. 이때 동시에 당신은 하나의 일을 해야 하는데, 바로 스스로의 기록에 유일무이한 번호를 추가한 후에 기록과 번호를 함께 알려야 한다. 그래서 다른 사람이 다시 기록을 할 때 이 기록에 대해 유일무이한 번호를 계속해 나갈 수 있을 것이다.

[그림 2-10] 장부를 기록하여 보상을 받다.

이러한 새로운 규칙을 실행한 후에는 반드시 발라라스 에너지를 얻기 위해서, 그리고 첫 번째로 새로운 기록을 남기기 위해서 숨을 죽이고 주위의 각종 소리를 듣기 시작하는 사람들이 있을 것이다.

블록체인에 대해 이해하고 있는 독자들은 이제 '비트코인 채굴'이라는 단어를 생각하고 있을 것이다. 맞다. 이것이 바로 비트코인 채굴의 간단한 설명이다.

비트코인 채굴에 관해 인터넷 사이트에 올라온 매우 실감나는 예를 소개한다.

"솔로 남성들이 여자 친구를 찾는데 매우 아름답고 사랑스런 여성이 나타나, 내가 당신들에게 아주 어려운 문제를 하나 낼 텐데 그것을 푸는 사람 중 한 명에게 휴대전화 번호를 알려 줄게요."라고 말하면, 솔로 남성들은 미친 듯이 경쟁하고 이 난제를 풀기 위해 온갖 머리를 쓸 것이다. 만일 그중 한 솔로 남성이 이 문제를 풀고 의기양양하게 즉시 세상에 알리고 모든 솔로 남성들에게 "이 여인의 휴대전화 번호는 내 거야, 내가 먼저 풀었으니 너희들은 포기해!"라고 할 것이다. 그러면 다른 솔로 남자들은 문제의 절반을 풀었다고 하더라도 늦었기 때문에 포기할 수밖에 없다.

---

① 어떻게 '지식이 부족한 룸메이트'에게 블록체인을 설명할 것인가?
 [EB/OL]. (2016-08-08) [2017-05-18]. http://mt.sohu.com/20160808/n463044051.shtml.

[그림 2-11] 세상에서 가장 어려운 문제

[그림 2-12] 어려운 문제를 풀고 보상을 받다.

풀기 어려운 문제를 처음 풀어낸 행운의 솔로 남성은 단지 몇만 원도 안 되는 비용을 지급하고, 재능으로 미녀의 마음을 사로잡아 결혼에 성공한다. 이것은 비트코인 채굴에 따른 보상에 해당한다.

문제 2: 분기(分岐) 문제는 누구의 말을 들을 것인가?

이 넓은 도시에서는 반드시 이런 문제가 존재한다. B와 C는 거의 동시에 기록을 완료하였고, 동시에 하늘을 향해 큰소리로 "이 번호 89757 발라라스 에너지는 나의 것이다."라고 소리쳤다. 그러나 이 도시는 매우 넓어서 어떤 사람은 89757 발라라스 에너지가 B의 것이라고 여기고, 어떤 사람은 B의 발라라스 에너지가 C의 것이라고 여기지만, 89757 발라라스 에너지는 하나뿐이어서 한 사람만이 얻을 수 있다면 어떻게 할 것인가? 두 사람이 반절씩? 당연히 불가능하다. 이때 우리는 아주 간단한 규칙, 즉 누가 가장 길게 들었는가를 적용해서 해결할 수 있을 것이다.

어떤 제한의 조건을 더하지 않은 상황에서 이 사건은 이렇게 발전할 것이다. 일부 사람들은 B가 얘기한 것으로 이 말을 들은 후에 기록하기 시작했고, 그 후에 그들은 모두 B의89757 번호의 발라라스 에너지가 사실임을 기본으로 할 것이다.

또한, 이 정보에 따라 차례차례 전달해 나갈 것이고, 이 정보 체인이 갈수록 길어지고 다른 무리들도 C가 먼저 이 말을 한 사람이라고 여겨도 이런 추세에 따라 발전될 것이다.

[그림 2-13] 분기 문제는 누구의 말을 들을 것인가?

아래의 사건은 매우 엄중하다. 원본은 유일한 것이며, 번호 순서의 엄격한 전체 정보 체인이었다. B와 C가 "이 89757 번호의 발라라스 에너지가 나의 것이다."라고 외친 후에 두 가닥으로 분리돼 버린 것이다! 이 또한 괜찮지만, 만일 이런 상황이 계속된다면 사람들 수중의 장부마다 다르게 변할 것이며, 근본적으로 어떤 것이 진짜인지 확정할 방법이 없게 된다.

이러한 문제를 해결하기 위해서 이 도시에서는 새로운 블록체인의 규칙을 추가하였는데, 기록을 할 때 반드시 중심에서 글자체의 끝부분으로부터 0.89757mm 떨어진 위치에 첫 칸을 쓰고 보증해야 한다. 그래서 사람들이 글자를 쓸 때마다 눈금자로 잘 잰 다음에 다시 써야 했다. 이는 매우 어려워서 사람들이 기록하는데 5분을 써야만 비로소 완성할 수 있다. 그래서 사용되는 모든 말들을 쓸 때 다르게 변하기도 하여서 누군가 큰소리로 "나는 다 썼다. 그 말은 무엇 무엇 무엇이라고 쓴 것이다."라고 소리치면 이 말을 적고 있는 다른 사람들의 펜을 멈추게 할 것이고, 그런 후에 노트에 다시 "그말은 무엇 무엇 무엇이라고 쓴 것이고, 위 문구의 번호는 xxx 다."라고 다시 쓰기 시작한다.

[그림 2-14] 장부를 기록할 때마다 규칙이 복잡하다.

문제 3: 이중 지급(double spending) 문제

이중 지급 문제는 전자화폐를 거래할 때 중복으로 사용되는 현상을 일컫는다.

만일 내가 동시에 B와 C에게 "내가 당신에게 발라라스 에너지를 주려고 하는데 어떻게 하면 되죠?"라고 외친다고 가정하자. 그런데 발라라스 에너지는 단 한 개밖에 없는데 발라라스 에너지가 실

제 거래에서 딱 한 번만 거래되었다는 것을 어떻게 증명하겠는가?

비트코인을 개발한 사토시 나카모토는 자신의 〈비트코인 논문〉 제5장에서 비트코인 네트워크 운영 단계에 대해 다음과 같이 설명하고 있다.[1]

1. 새로운 거래는 전체 네트워크에 널리 전파한다.

2. 노드마다 받은 거래 정보를 하나의 블록에 집어넣는다.

3. 노드마다 자신의 블록에서 난이도가 높은 작업량을 증명할 방법을 찾아 시도한다.

4. 하나의 노드에 작업량을 증명하는 근거를 찾아서 전체 네트워크에 널리 전파한다.

5. 이 블록에 모든 거래에 포함된 유효하기 전에 존재한 적이 없는 것이어야 다른 노드는 이 블록의 유효성을 비로소 허가받게 된다.

6. 기타 노드는 그들이 이 블록을 접수한 것을 보여주고 접수한 방법, 즉 이 블록의 끝에 따라옴으로써 새로운 블록을 만들어서 이 체인을 연장하게 되고 이 블록의 무작위 해시값을 새로운 블록의 무작위 해시값으로 간주한다.

---

[1] 황펑량, 비트코인 시스템 원리의 평이 분석[J] 디지털화 유저，2014

또한, 거래가 발생한 때부터 비트코인의 거래 데이터는 타임스탬프로 덮이게 된다. 이는 거래 데이터가 블록으로 쌓여진 후에 1차 확인이 완성한 것을 의미하며, 연속의 6차 확인이 진행된 후에 이 거래가 역전될 수 없음을 의미한다. 비트코인에서 1차 확인마다 복잡한 난제를 해결할 필요가 있으며 1회 확인마다 일정한 시간이 필요하다고 말할 수 있다.

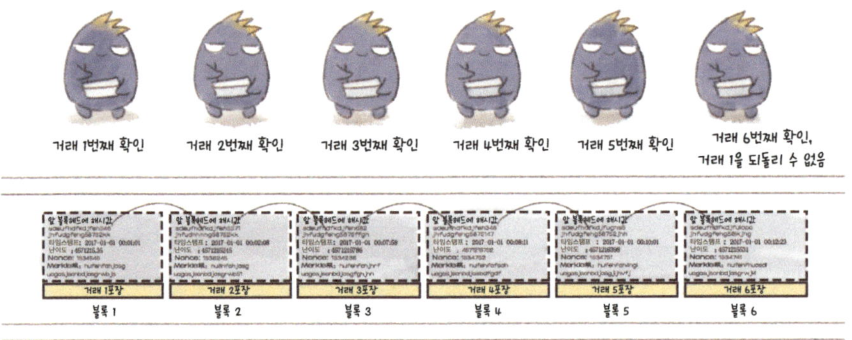

[그림 2-15] 6회 확인 후에는 되돌리는 것이 불가능하다.

이런 상황에서 자금을 2차례 지급 거래를 진행하려고 할 때, 확인 시간이 비교적 길어서 뒤의 거래는 앞의 거래와 동시에 확인하는 것이 불가능하다. 그래서 이 자금의 1차 거래 유효성을 확인한 다음에 2차 거래 시에는 확인할 방법이 없어진다. 블록체인의 전체 네트워크 장부는 전체 인터넷에서 신용 합의를 달성하면 이중 지

불 문제는 발생할 수가 없게 된다.

[그림 2-16] 이중 지급 문제는 발생하지 않는다.

블록체인은 어떻게 운영되는가?

블록체인의 핵심 개념

블록체인의 작업 원리를 설명하기 전에 먼저 블록체인에서 몇 가지 핵심적 개념을 간단하게 설명하고자 한다.

1. 블록

블록은 블록체인의 기본 구조 단위이고 소스 데이터가 포함된 블록헤드(Blockhead)와 거래 데이터가 포함된 블록보디(Blockbody)로 구성되어 있다.

블록헤드는 3그룹의 소스 데이터가 포함되어 있다.

1. 연결 앞면에 사용한 블록, 인덱스 블록 해시값의 데이터

2. 채굴 난이도, Nonce(Random Number, 작업량 증명 알고리즘에 대한 카운터), 타임스탬프

3. 총결산이 가능하고 빠른 귀납 검증 블록의 모든 거래 데이터의 머클 트리 루트 데이터(merkle tree root data)

[그림 2-17] 블록헤드의 구조

블록체인 시스템은 대략 10분마다 하나의 블록을 만들어 내며, 이 시간에 전체 네트워크 범위에서 발생하는 모든 거래를 포함한다. 각 블록에는 앞 블록의 ID(식별 코드)가 포함되어 있어 모든 블록에서 앞 노드를 찾을 수 있다. 이렇게 역으로 추적하면 완전한 거래 체인이 형성된다. 탄생부터 운영에 이르기까지 전체 네트워크는 고유한 주요 블록체인을 형성하고 있다.[①]

2. 해시 알고리즘

해시 알고리즘은 블록체인 중에서 정보가 왜곡되지 않도록 보증하는 단방향 암호 방식이다. 해시 알고리즘이 명문(clear text)을 접수한 후에 되돌릴수 없는 방식으로 길이가 비교적 짧고 바이트가 고정된 해시 데이터로 전환한다. 그것은 두 가지 특징이 있다.

1. 암호 과정이 불가역적으로 우리가 출력한 해시 데이터를 통해서 원본의 명문이 무엇인지를 역추적할 방법이 없음을 의미한다.

2. 입력한 명문과 출력된 해시 데이터를 어떠한 출력 정보의 변화가 최종 출력된 해시 데이터의 변화를 가져오는지 일대일(1:1)로 대응한다.

---

① 양샤오천, 장밍. 비트코인: 운영원리, 전형적인 특징과 전망 예측[J].금융평론, 2014(2).

[그림 2-18] 해시 알고리즘의 두 가지 특징

블록체인에서 통상적으로 사용하는 SHA-256(안전 해시 알고리즘)은 블록의 암호 설정을 진행한다. 이러한 알고리즘의 입력 길이는 256바이트이며, 출력의 전체 길이는 32비트의 무작위 해시 데이터로 구성된다. [1]블록체인은 해시 알고리즘을 통해 거래 블록에서의 거래 정보에 대해 암호화 설정을 진행하고 정보를 한 묶음의 숫자와 알파벳 조합의 해시 문자열로 압축한다. 블록체인의 해시값은 유일하고 정확하게 하나의 블록을 표시할 수 있어서 블록체인에서는 임의의 노드가 간단한 해시 계산을 통해서 이 블록의 해시값을 얻을 수 있고, 계산된 해시값이 동일해야만 블록 안의 정보가 왜곡되지 않음을 의미하고 있다.

---

[1] 탕원지엔, 뤼원. 블록체인이 어떻게 세상에 다시 정의되는가[EB/OL]. (2017-02-24) [2017-05-18]. http://www.jianshu.com/p/89275ffca97b.

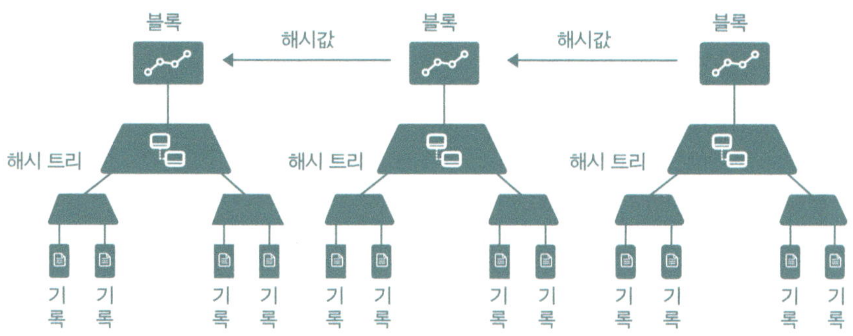

[그림 2-19] 블록체인의 해시 알고리즘

3. 공개 키(public key)와 개인 키(private key)

블록체인의 용어 중에서 우리는 여전히 공개 키와 개인 키라는 개선된 단어를 자주 듣는다. 이것은 속칭 비대칭 암호화 설정 방식으로, 이전의 대칭적 암호화 설정 방식(유저명과 암호 사용)보다 개선된 것이다.

암호가 설정된 이메일 모델을 가지고 간단하게 설명하면, 공개 키는 모두가 사용하는 것으로 메일을 통해서 만들 수도 있고 사이트를 통해서 다른 사람이 다운로드할 수도 있다. 공개 키는 사실 암호화 설정/인증을 거친다. 개인 키는 자신의 것으로 반드시 조심해서 보존해야 하는데 가장 좋은 방법은 비밀번호를 설정하는 것이다. 개인 키는 암호 해제/서명 날인하여 사용하고 개인 키는 개인이 소유한다.[1]

---

[1] 모기가 청개구리를 잡아먹는다. 공인 키와 개인 키[EB/OL]. (2013-01-09) [2017-05-18]. http://www.cnblogs.com/wenzichiqingwa/archive/2013/01/09/2853188.html.

비트코인 시스템에서 개인 키는 본질적으로 32바이트로 구성된 숫자 조합이며, 공개 키와 주소의 생성 역시 개인 키에 의존하는 것으로 개인 키가 있으면 공개 키와 주소를 생성할 수 있고 대응 주소에서 비트코인을 사용할 수도 있다. 개인 키로 비트코인을 사용하는 방식은 개인 키로 대응한 사용하지 않은 거래에 대해 서명을 진행한다.

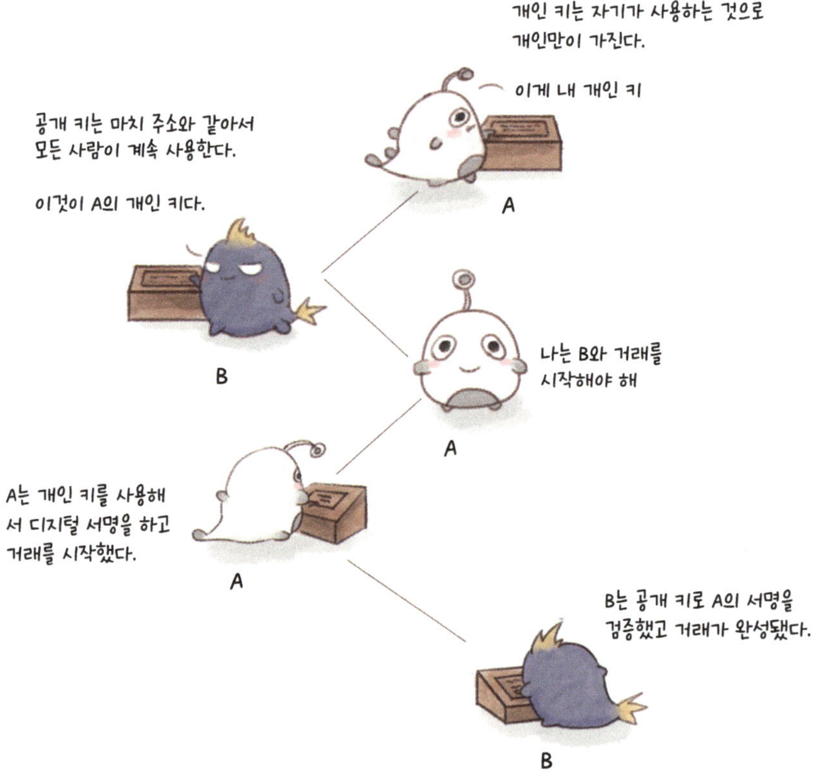

[그림 2-20] 블록체인의 공개 키와 개인 키

블록체인에서 공개 키와 개인 키를 사용하는 것은 신분을 식별하는 것이다. 우리는 블록체인 안의 두 사람을 A와 B로 구분하도록 하자. A는 B에게 자기가 진짜 A임을 증명하고 싶어한다. 그러면 A는 개인 키를 사용해서 문서에 대해 서명을 진행하고 B에게 발송한다. B는 A의 공개 키를 사용하여 문서에 대해 서명 검증을 진행한다. 만일 검증이 성공한다면 이 문서는 A가 개인 키를 사용해 암호화 설정을 한 것이라는 것이 증명된다. A의 개인 키는 오직 A만이 가질 수 있는 것이므로 A가 진짜 A임을 증명할 수 있다.

블록체인의 시스템에서 공개 키와 개인 키는 분산식 네트워크의 P2P 정보 전달의 안전을 보증할 수 있다. 블록체인의 정보 전달 중에 정보 전달이 양측의 공개 키와 개인 키의 암호화 설정과 암호 해

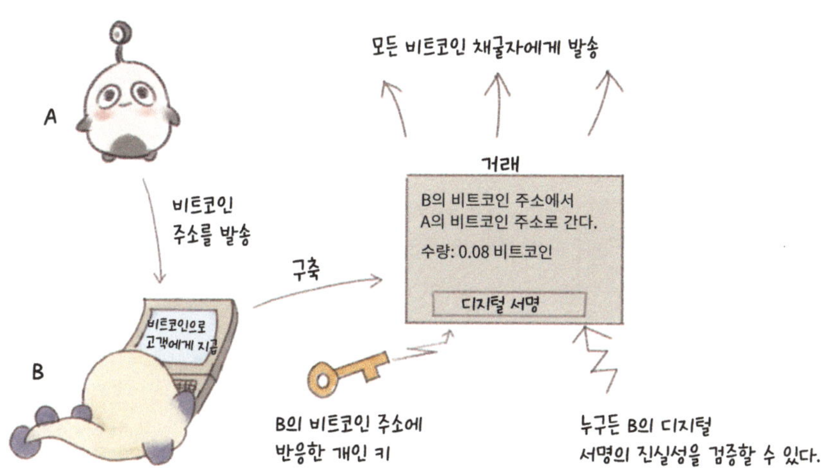

[그림 2-21] 공개 키와 개인 키를 사용하여 거래를 완성한다.

제가 종종 쌍을 이루지 않고 출현하기도 한다.

- 정보 발송자: 개인 키를 사용하여 정보에 대해 서명을 진행하고 정보 접수 측의 공개 키를 사용하여 정보에 대해 암호를 설정한다.
- 정보 접수 측: 정보 발송자의 공개 키로 정보 발송자의 신분을 검증하고 개인 키를 사용하여 암호화 설정된 정보에 대해 암호 해제를 한다.

4. 타임스탬프(timestamp)

블록체인 내의 타임스탬프는 블록이 생성된 시점부터 블록에 존재하고 있으며, 그것이 대응하는 것은 매번 거래 기록의 인증으로 거래 기록의 진실성을 증명한다.

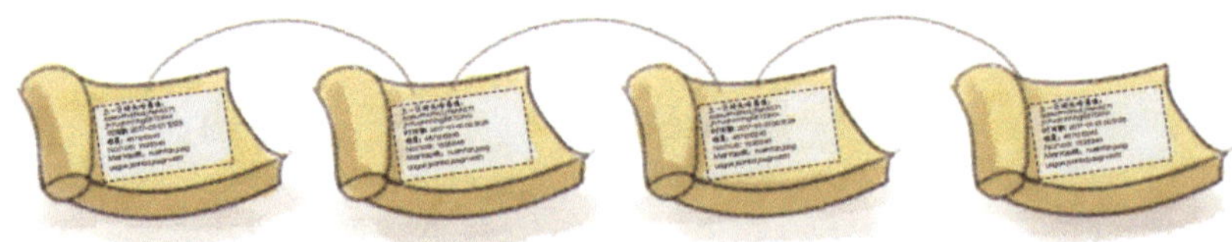

[그림 2-22] 블록체인 내의 타임스탬프

타임스탬프는 일단 왜곡되면 생성된 해시값이 변화되고 무효한 데이터로 바뀌기 때문에 직접 블록체인 중에 쓰이는 것으로 블록체인 안에 이미 생성된 블록은 왜곡될 수 없다.

각 타임스탬프의 앞부분 타임스탬프 역시 임의의 해시값 안에 포함되고, 이 과정이 끊임없이 중복되고 서로 연결되어 결국엔 완전한 체인이 생성될 수 있다.

5. 머클 트리(Merkle tree)의 구조

블록체인은 머클 트리의 데이터 구조를 이용한 모든 리프 노드(leaf node)의 가치를 가지고 있으며, 이를 기초로 통일된 해시값을 생성한다. 머클 트리의 리프 노드가 저장하는 것은 데이터 정보의 해시값이고 리프가 아닌 노드가 저장하는 것은 아래의 모든 리프 노드의 조합에 대해 해시값 계산을 진행한 후에 얻게 되는 해시값이다.[1]

동일하게 블록에서 임의의 데이터 변경은 머클 트리 구조의 변화를 일으킬 것이며, 거래 정보 검증의 비교 과정에서 머클 트리 구조는 데이터 계산량의 대폭적인 감소가 가능할 것이며, 어쨌든 우리는 머클 트리 구조가 생성한 통일된 해시값을 검증하기만 하면 된다.

---

[1] <모기가 청개구리를 잡아먹는다.> 공개 키와 개인 키[EB/OL]. (2013-01-09) [2017-05-18]. http://www.cnblogs.com/wenzichiqingwa/archive/2013/01/09/2853188.html.

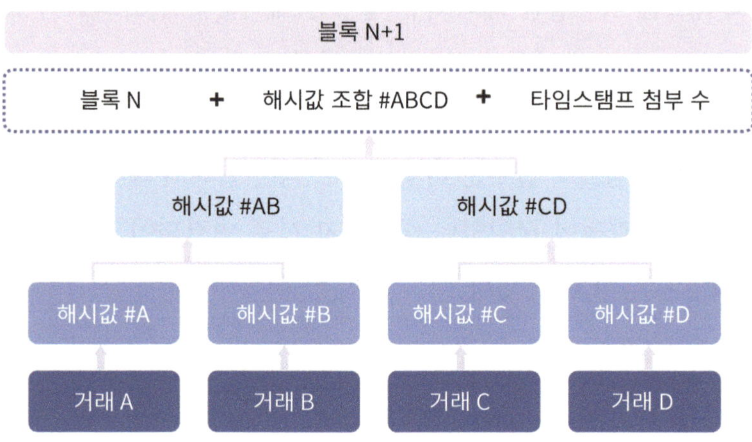

[그림 2-23] 블록체인의 머클 트리 구조

비트코인 바이러스부터 이야기해 보자.

앞에서 블록체인 중의 몇 가지 핵심 개념과 정의를 얘기했다. 그러면 블록체인이 결국은 어떻게 운영되는 것인가? 이 문제를 해결하려면 먼저 비트코인부터 이야기해야 한다. 비트코인을 말하자면, 많은 사람의 첫 번째 반응은 비트코인 바이러스다. 우리는 비트코인 바이러스로부터 한 가지 사건을 상기하게 된다. 비트코인이 도대체 무엇이고 어떤 특성이 있는지 얘기해 보자.

전 세계 모두가 알고 있는 일을 이야기해 보자.

비트코인에 의해 지배되는 두려움을 기억하는가?

어느 날 아침, 컴퓨터 모니터에 망측한 붉은 테두리가 뜨는 것을

발견하였다. 당신은 이런 상황에 당황해서 결국 논문을 쓸 수 없게
되었다.

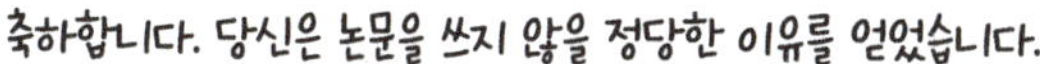

[그림 2-24] 비트코인 바이러스 침입

2017년 5월 12일 인터넷에서 작은 사건이 발생했다. 많은 학교,
병원의 문서가 모두 '워너크라이(WannaCry)'라 불리는 랜섬웨어
바이러스로 감염되었다. 자료를 보고 싶다면 가능하다. 하지만 돈
을 건네야 한다. 많이도 필요없다. 300비트코인이면 된다. 어떤 사
람은 잠시 생각할 것이다. 겨우 300비트코인이라니, 너무 적은데!
사실 비트코인 하나의 가격은 중국에서 거의 1만 위안(한화 180만
원)이다. 중국의 비트코인 플랫폼은 현재 관리 감독 중이어서 현금
을 인출할 수 없기 때문에 다른 나라의 가격은 더 낮은 편이다.

당연히, 개인 사용자에 대해 말하자면, 이렇게 많은 돈을 줄 필요가 없다. 결국, 누구도 300만 위안(한화 5,400만 원)을 가지고 있진 않으니까.

[그림 2-25] 암호를 해제하려면 비트코인이 필요하다.

해커는 모두에게서 비트코인으로 지급받고 싶어하지만 이 일은 비트코인과는 아무런 관계가 없다. 비트코인은 일종의 화폐이다. 본래 조용하게 곁에 누워 있으면 아침에 일어나 자기의 머리맡에서 발견될 뿐이다. 2017년 5월 16일까지 이미 150여 개국의 30여만 명의 사용자가 '협박' 당했다. 그뿐만 아니라, 소식에 의하면 '워너크라이' 바이러스는 이미 2.0 버전으로 업그레이드되어서 새로운 버전의 바이러스는 도메인 이름에 제한을 받지 않고 전파성이 훨씬 높았다.

[그림 2-26] '워너크라이'

그러면 이 비트코인 바이러스는 도대체 무엇인가? 그것은 다음의 2가지가 혼합하여 개발된 신기의 바이러스라고 볼 수 있다. 암호 설정 알고리즘 랜섬웨어와 '워너크라이' 해커의 도구이다. '워너크라이' 해커의 도구는 클릭할 필요 없이 직접 다른 사람의 컴퓨터에 접속하여 침입한다. 그런 다음 암호 설정 알고리즘이 바이러스 패드를 협박하고 당신의 파일에 암호를 설정하여 다시 협박한다.

비트코인 바이러스는 어디에서 온 것인가?

세계 최초의 암호 설정 랜섬웨어 소프트웨어인 AIDS 트로이는 1989년 등장했다. 일종의 암호를 설정하는 알고리즘을 사용하여 돈을 갈취하는 바이러스 프로그램으로 제조자는 며칠 지나지 않아 잡혔다.

[그림 2-27] 크립토락커 바이러스 개발자는 체포됐다.

랜섬웨어는 애초에 암호를 해제하기 위해 개발되었으며, 대칭 암호 알고리즘을 사용하기 때문에 암호화의 역방향으로 복호화하면 해제되었다. 그러나 최근 유행했던 랜섬웨어 바이러스인 크립토락커(CryptoLocker)는 비대칭 암호 알고리즘을 사용한다. 비대칭의 암호 알고리즘의 암호 설정과 암호 해제 과정은 두 개의 암호를 사용하여서 단순하게 역방향으로 해제하는 것은 불가능한 것으로, 나중에 구체적으로 설명할 것이다.

해커는 랜섬웨어 바이러스를 개선했을 뿐 아니라 파트너 '워너크라이'라는 해커 도구를 탑재했다. '워너크라이'는 원래 미국 국가안보국이 사용하여 다른 나라의 정보를 정탐하는 도구로, '미국 사이버 무기' 중의 하나였다.

[그림 2-28] 비대칭 암호 알고리즘의 역방향 암호 해제

미국 국가안보국에 '이퀘이션 그룹(Equation Group)'이라 불리는 해커 조직이 있었다. 미국 정부를 대신하여 사람들에게 알릴 수 없는 일들을 담당했는데, 나중에 이란 핵 시설에 대한 '스턱스넷(stuxnet) 사건과 '프리즘 사건'으로 인해 점차 세상에 알려지게 되었다.

[그림 2-29] 미국의 사이버 무기인 '워너크라이'

그 후 더 섀도 브로커스(The shadow brokers)라는 해커 그룹이 '미국의 사이버 무기고'를 뚫었다. 그런 다음 그들은 인터넷에서 경매하여 '무기'를 돈으로 바꾸고 싶었으나, 아무도 관심을 보이지 않았기 때문에 이 무기를 크라우드 펀딩으로 이용해 이익을 얻으려 하였다. 하지만 여전히 아무도 그들에게 관심을 주지 않았다. 마지막으로 그들은 2017년 4월 14일에 '무기'를 직접 공개하였다. 이리하여 '워너크라이'라는 해커 도구와 비대칭 암호 알고리즘을 사용한 랜섬웨어가 '살상용 무기'가 되었다.

당연히 이 일은 하나의 소문일 뿐 미국 국가안보국은 인정하지 않았다. 따라서 '워너크라이'가 어디에서부터 온 것인지 의견이 분분하지만 실제 증거는 없다.

[그림 2-30] 더 섀도 브로커스의 소문

이 바이러스는 언제 풀릴 수 있나?

먼저 '이터널블루(EternalBlue)' 해커 도구는 윈도우즈의 서버 메시지 블록(SMB)의 취약점을 공격하므로, 윈도우즈 패치를 갱신하고 방화벽을 설정해야만 위험을 방지할 수 있다. 그렇지만 윈도우즈 취약점을 끊임없이 갱신해야 하는 번거로움이 있다. 또한, 해커가 언제 취약점을 공략하는 도구를 탑재할 수 있는가는 알 수 없으며 각종 변종 바이러스도 생겨난다.

랜섬웨어는 비대칭 암호 알고리즘을 사용하여 암호를 설정하는데, 가장 특별한 특징은 왜곡할 수 없고, 역으로 해제되지 않으며, 암호 설정과 암호 해제 과정에 서로 다른 암호 키를 사용한다.

[그림 2-31] 방화벽을 업그레이드해야 한다.

[그림 2-32] 비대칭 암호 설정 알고리즘은 풀기가 쉽지 않다.

현재의 컴퓨터로는 암호키를 풀기 위해 필요한 계산량을 완벽하게 찾아 내기 어렵다. 혹자는 계산해 내는 원가가 너무 높다고 말한다. 현재 전 세계적으로 뜨거운 화제가 되고 있는 최첨단 블록체인 기술에는 비대칭 암호 알고리즘이 사용되고 있다. 말하자면, 해커들이 시대의 최첨단 과학 기술로 암호를 설계하고 있어, 우리가 풀려고 해도 그렇게 쉽지 않다는 것을 알아야 한다.

[그림 2-33] 거인의 어깨에 서다.

우리는 잘 알려진 '판다 분향' 바이러스가 최후에 어떻게 풀렸는 지를 알아 볼 필요가 있다. 바이러스를 유포한 해커가 잡힌 후에 그의 자백으로 암호를 해제하는 프로세스를 프로그래밍하였다. 이런 상황과 유사하게 가장 가능성 있는 해결 방법이 바로 해커가 잡힌 후에 해커가 직접 암호 키를 내놓도록 하고 우리는 그 암호키를 사용하여 해제할 수 있을 것이다.

[그림 2-34] 해커가 암호를 내놓다.

왜 비트코인이 필요한가?

해커는 도대체 언제 잡히고, 어떻게 잡는가? 우리가 토론할 세 번째 문제이다. 왜 해커는 굳이 비트코인으로 지급을 요구하는가? 이는 비트코인의 익명성 때문으로 바꿔 말하면 당신이 그를 잡기 쉽지 않다는 말이다. 비트코인은 일종의 인터넷 가상화폐로 전 세계에서 익명성을 가지고 통용될 수 있어서 해커의 신분을 숨기는 데 유리하다. 당신은 상대방이 누구인지 알 필요가 없고 단지 비트코인의 주소만 있다면 P2P로 상대방에게 지급할 수 있다. 동시에 비트코인의 세계성과 유동성 역시 해커가 비트코인을 선택하는 이유이다. 비트코인은 디지털 화폐 중 가장 큰 점유율을 차지하고 있다. 전 세계에서 많은 열성 팬을 가지고 있어서 많은 국가에서 비트코인의 합법적 지위를 인정하였고, 대형 기업들도 비트코인 지급을 받아들였다.

[그림 2-35] 전 세계에서 사용되고 있는 비트코인

비트코인의 특징 중 하나는 모든 거래 기록을 왜곡할 방법이 없다는 것이다. 또한, 공개적으로 거래 기록을 찾아볼 수 있기 때문에 해커들이 법망을 벗어나는 것도 쉽지 않다. 일단 해커가 공개한 비트코인의 주소로 비트코인을 받으면 장부에는 기록이 남게 되고, 사람마다 가지고 있는 장부에도 동시에 기록되어 있다. 모든 사람이 이 기록을 찾아볼 수 있으며 이후에는 이 비트코인 주소에 대한 각종 계좌이체, 인출 기록 역시 찾아볼 수 있다. 만일 해커가 이런 요구와 현실적 상호 오퍼레이션을 통해 비트코인의 인출을 진행한다면 반드시 흔적이 노출되는 것이다.

[그림 2-36] 비트코인 거래 기록은 공개적으로 조사할 수 있다.

실제로 대부분의 상황에서 비트코인 자체가 100% 익명성을 보장하는 것은 아니다. 비트코인을 발송하고 받는 것은 마치 작가가 필명으로 작품을 발표하는 것과 같다. 작가의 필명과 그의 신분이 함께 연계되면 그가 어떤 작품을 썼는지 추적할 수 있다는 것이다.

개체에 대해 말하자면, 비트코인의 익명성과 당신이 받은 비트코인 지갑과 관련이 있다. 이 주소의 각 거래를 통해서 이 블록체인에 영구히 보존된다. 만일 당신의 주소와 당신의 진짜 신분이 관련되어 있다면, 거래마다 당신이 관련되는 것이다.

[그림 2-37] 비트코인은 100% 익명성이 보장되는 것은 아니다.

현재 많은 국가가 비트코인 거래 플랫폼에서의 거래는 다중적 실명 인증이 필요한 범위 내에서 감독하고 있다. 따라서 해커가 현실과 관련된 실마리를 노출하기만 하면 잡을 수 있다.

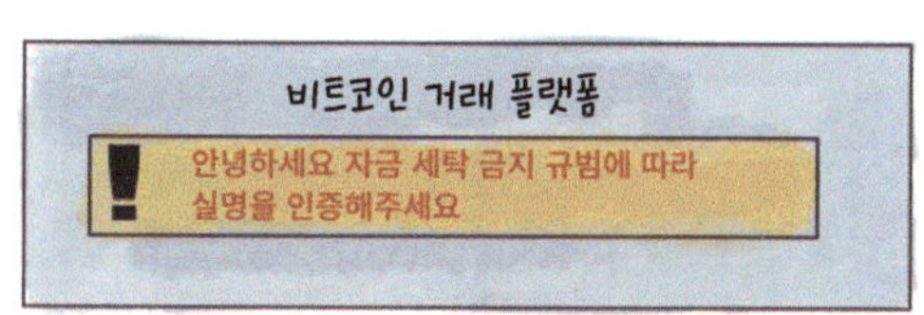

[그림 2-38] 다중 실명 인증

어떻게 '워너크라이' 바이러스를 예방하나?

제1 방법: 검색

현재 당신이 임의의 브라우저를 열어서 '어떻게 비트코인 바이러스를 예방하는가'라고 검색창에 입력한다면 매우 많은 해결 방법을 발견할 수 있고, 그중 하나를 열어서 보면 된다. 결국, 모두 같을 것이다. 인터넷을 끊고, 방화벽을 설치하고, 445 포트를 차단하고 윈도우즈 보안 패치를 업그레이드하는 정도일 것이다. 또한 모두에게 앞으로 방화벽을 활성화(On)하기를 권장한다. 윈도우즈의 방화벽이 수시로 뜨겠지만 안전이 가장 중요하기 때문이다.

[그림 2-39] 제1 방법: 검색

제2 방법: 알 수 없는 형식으로 바이러스 공격을 회피한다.

이번 바이러스 공격은 예상했지만, 다음번에 또 공격하면 어떻게 할 것인가? 당신은 이런 방법을 시험해 볼 수 있다. 해커는 당신의 중요 문서, 예를 들어 doc(워드), xls(엑셀), ppt(파워포인트), psd(포토샵) 같은 종류의 문서에 암호 설정을 하지 않을까? 상대적으로 알려지지 않은 형식의 동영상이나 암호화 파일(seed file)은 해커가 암호 설정을 하지 않을 것이다. 그래서 중요한 문서는 예비 몇 개를 제외하고, 중요 문서를 압축파일로 만든 후에 알 수 없는 형식(예를 들어 'modv' 같은)으로 확장자를 바꿀 수 있을 것이다. 그렇지만 이렇게 한다고 해서 중요 문서가 공격 대상이 될 가능성을 완전히 단절할 수 없다.

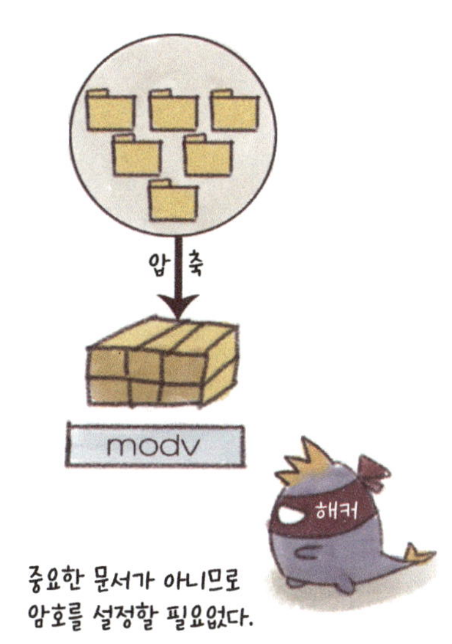

[그림 2-40] 제2 방법: 알 수 없는 형식으로 바이러스 공격을 회피한다.

제3 방법: 함정을 만들어 자리를 먼저 차지한다.

이 방법의 가장 중요한 핵심은 해커의 길로 가서 해커를 궁지에 몰아넣는 데 있다. 그래서 프로그래머가 사용할만한 방법이다. 스스로 비대칭 암호의 '바이러스 프로그램'을 만들어서 자신의 컴퓨터 파일에 암호를 설정하고 암호 키를 별도로 보관하여 매번 사용하기 전에 암호를 먼저 입력한다. 이렇게 하면 귀찮기는 하지만 매우 유용하다.

'이 함정은 내 것이니, 나를 감염시키려 해도 별수 없을 것이다!'

[그림 2-41] 제3 방법: 함정을 만들어 자리를 먼저 차지한다.

마지막으로, 현재 중국의 비트코인 거래 플랫폼은 이체를 할 수 없다. 만일 랜섬에 걸려 돈을 주고 싶어도 신중히 생각해야 한다. 결국, 우리는 돈을 지급한 후에도 100% 암호해제가 가능하고 바이러스의 2차 침입을 피할 수 있다고 확신할 수 없다. 그렇기 때문에

[그림 2-42] 몸값 지급 후에도 암호 해제 실패

바이러스에 중요 문서가 인질로 잡히면 냉정하고 또 냉정해야 한다.

사실 블록체인, 비트코인 산업 종사자로서 바이러스가 발생하면 먼 친척들까지도 나에게 전화를 하였다. 너희 회사에서 연구하는 것이 바이러스가 된다는데 회사가 망하는 거 아냐…? 여러 곳에서 묻곤 했다: "안녕하세요? 이번 일에 대한 견해를 말해 주세요. 도대체 언제 잡을 수 있는 겁니까?"라고.

해커는 유용한 협박의 도구로 비트코인을 이용하고 있다. 비트코인은 익명성과 분산화 등 해커가 신분을 숨길 수 있는 특징을 가지고 있지만, 처음부터 기술 자체가 죄가 되는 것은 아니다.

[그림 2-43] 기술은 죄가 없다.

비트코인의 작업 프로세스

[그림 2-44] 비트코인 작업 프로세스

[그림 2-44]와 같이, 블록체인에서 모든 노드의 처음으로 거슬러 올라가면 최초로 만들어진 블록에 도달하게 된다. 즉 블록체인 중에서 첫 번째 블록으로 바로 '제네시스 블록(genesis block)'이라고 한다.

'제네시스 블록'이 탄생한 후 비트코인의 사용자들은 끊임없이 '문제의 난이도를 변화시키면서' 특정 해시값인 SHA-256을 만족하고 대응되는 목푯값을 찾는다. 이런 과정이 비트코인 '채굴'이다.[1]

임의의 한 사용자가 요구에 부합하는 목푯값을 먼저 계산해 내면 새로운 블록을 전체 망 범위에 전파하고, 네트워크의 다른 노드들이 이 정보를 받아 검증을 진행할 것이다. 만약 검증을 통과한다면 다른 노드들은 계산을 포기하고, 이전 블록의 뒤쪽에 새로 만들어진 블록을 더한다.

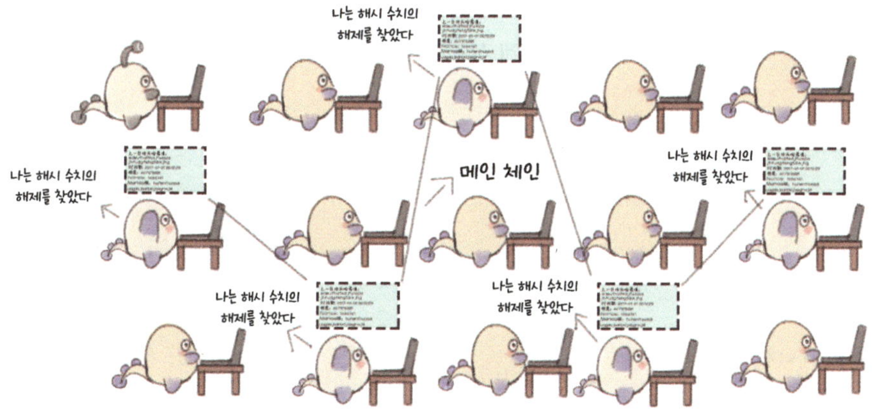

[그림 2-45] 특정 해시값을 계산한 수치 목푯값

---

[1] 블록체인 운영 원리[EB/OL]. (2017-03-14) [2017-05-18]. http://www.51jrit.com/news/detail/5821.

갈수록 많은 사람이 비트코인의 블록체인 시스템에 가입함에 따라 하나하나씩 해시값의 목푯값이 발견되고, 끊임없이 전파되는 과정에서 새로운 블록이 끊임없이 생성, 검증되어 최종적으로 새로운 메인 체인이 형성된다. 동시에 사용자들이 문제 풀이에 사용하는 시간을 제어함으로써 해시 알고리즘의 난이도 역시 조정된다.

비트코인의 실제 거래 과정에서 블록체인 안의 사용자 A와 B 사이에 거래를 완성해야만 한다고 가정하면, 이 거래의 블록은 블록체인 안의 모든 사용자에게 발표되어 전파되는 것을 포함하고 전체 망의 사용자는 해시값 검증을 통해서 이 거래가 유효한지 확인한다. 일단 유효하다고 인증이 되면, 이 블록은 타임스탬프로 덮어진 후에 블록체인의 메인 체인 다음에 추가된다.

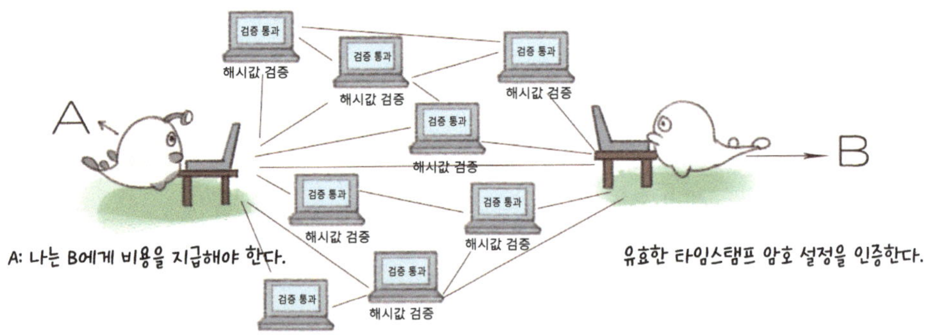

[그림 2-46] 타임스탬프로 덮다.(timestamping)

블록체인의 본질은 상호 검증하는 공개적인 장부 기록 시스템이다. 이 시스템의 모든 계좌에 발생하는 모든 거래를 기록한다. 각 계좌의 액수 변화 역시 전체 망의 전체 장부에 기록된다. 그뿐만 아니라 모두 완벽한 장부를 가지고 있고, 각자 비트코인 시스템이 사용된 이래로 각 계좌의 모든 거래를 독립적으로 통계해 낼 수도 있다. 또한, 임의의 계좌 이전 잔액이 얼마인지도 계산해 낼 수 있다.[1]

모든 거래가 투명하게 공개되므로 누구라도 그것의 장부를 찾아볼 수 있기 때문에, 사람들은 이 탈중앙화 시스템을 신뢰할 수 있을 뿐만 아니라, 무슨 음모가 숨어 있는 것은 아닌지 하는 걱정을 하지 않아도 된다.

비트코인은 하드 포크(hard fork) 가능성이 있는가?

2009년 비트코인이 탄생하고 지금처럼 시장 가치가 이미 수백억 달러에 이르자 사람들은 열광하였다.(비트코인은 법률에 의한 화폐가 아니다) 최근 어떤 사람은 비트코인이 부득이하게 분기될 때, 심지어 폭락하게 되었을 때를 예측했다.

---

[1] 비트코인 주식(BTSX) 투자 백서V1.1[EB/OL]. (2014-09-16) [2017-05-18]. http://www.docin.com/p-924681871.html.

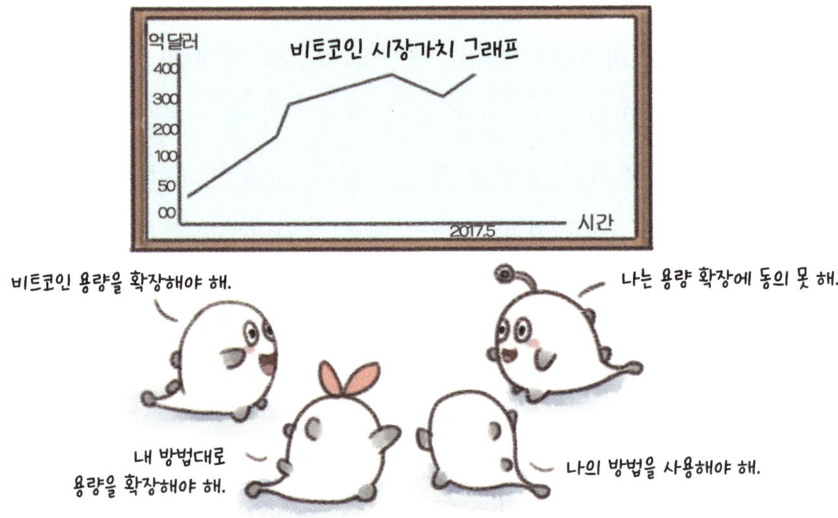

[그림 2-47] 비트코인은 포크될 수 있는가?

1. 사토시 나카모토의 아이디어

사토시 나카모토가 비트코인을 설계한 때가 2009년이다. 그때의 데이터는 얼마나 있었을까? 하물며 비트코인을 사용하는 사람도 많지 않았다. 그래서 그는 아이디어를 내어, 비트코인 안의 블록 용량을 1M(100만 바이트)로 결정하였다. 한 번의 거래는 250바이트였고 더 많기도 하였는데, 현재 거래는 기본적으로 500바이트까지 도달했다. 용량이 그렇게 많이 쓰이지 않는다! 우리가 결산할 때 비트코인 블록 하나의 용량이 1M 바이트라고 하자.

1M=1,024KB = 1,048,576바이트,

그러면 하나의 블록이 포함하고 있는 거래 총수는:

1,048,576÷250=4,194.3건

비트코인 하나의 블록이 확인되는 시간은 10분이다.

10분 = 600초

그러면 하나의 블록이 매초 처리하는 거래 수는:

4,194.3÷600=7건

[그림 2-48] 1M의 용량은 사용하기에 부족하다.

만일 하나의 블록이 매초 7건의 거래만을 처리할 수 있다면, 거래 데이터는 더 커야 하고 7건조차 도달하지 못한다. 이러면 비트코인의 거래가 막히고 느려지는 결과를 초래한다.

한 번의 거래가 발생한 후에 앞에서는 더 많은 거래가 줄을 서서 확인을 기다리고 있는데 도대체 얼마나 더 기다려야 하나? 하루 정도의 일정을 기다리게 되고 용량이 한계를 초과한 후에는 붕괴된다!

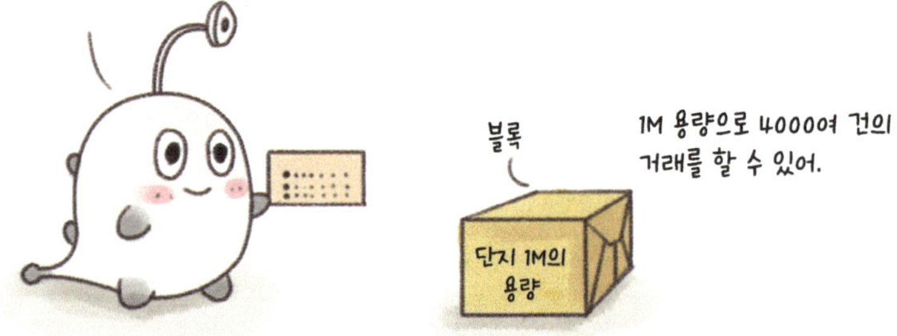

[그림 2-49] 블록은 용량 확장이 필요하다.

2. 용량 확장 방안에 대해서는 의견이 다양하다.

문제가 생기면 어떻게 하나? 바꿔라!

어떻게 바꾸나? 사토시 사카모토가 사라졌다!

그러면 누구를 찾나?

아, 어떻게 바꾸나?

내 말을 들어라, 2M으로 바꿔라. 아니다, 내 말을 듣고 20M으로 바꿔라!

많은 사람이 각 이익 집단을 대표해서 각자의 용량 확장 방안을 제시하였다.

1. Bitcoin Classic(비트코인 클래식 버전) - 이 방안은 2016년 비트코인의 블록 크기를 1M에서 2M로 최대 용량을 증가시키는 것이다.

2. Bitcoin XT(비트코인 뉴 버전) - 이 방안은 한 블록의 최대 크기를 20M로 수정해서 8.3G 상한선 내에서 2년마다 배로 변경하는 것이다.

3. Bitcoin Unlimited(비트코인 무한 버전) - 이 방안은 블록의 최대 크기를 채굴자가 결정하므로 얼마여도 상관없으며 무한대도 가능하다.

[그림 2-50] 용량 확장 방안에 대해서는 의견이 다양하다.

사람마다 자기가 맞다고 생각하고 누구도 상대를 설득하지 못하면 어떻게 해야 하나? 비트코인을 업그레이드하지 않는다면? 안 된다. 업그레이드해야 한다. 그런데 문제가 있다.

만일 업그레이드 버전을 만들어 모든 사람이 직접 새로운 버전으로 업그레이드하면 포크(fork) 문제는 없다. 전 세계적으로 대대적으로 업그레이드하자. 그러나 어떤 곳은 분쟁이 있을 수 있는데, 누구는 업그레이드하고 누구는 업그레이드를 하지 않는다면 그것은 난장판이 될 수도 있다. 사용하는 시스템이 모두 다르면 어떻게 통일해야 하나?

[그림 2-51] 용량 확장 방안이 다르면 포크(fork)를 초래할 수 있다.

서로 다른 생각으로 다양한 용량 확장 방안을 밀어붙인다면, 각 방안 을 통일할 방법이 없다. 그래서 비트코인이 분기된 것이다.

사실 시간이 흐를수록 방안이 제기한 용량의 크기가 증가되는 것을 가치관이 다르기 때문이 아니라 세계적인 변화의 흐름이 원인인 것이다.

3. 하드 포크(Hard Fork)와 소프트 포크(Soft Fork)

포크는 어떻게 하드(Hard)와 소프트(Soft)로 구분되는가? 간단히 말하면 호환성이 다르다. 하드 포크는 영구적인 것이고 소프트 포크는 일시적인 것이다.

블록체인이 영구적인 분기를 시작하면, 이 새로운 합의 규칙이 발표된 후에는 부분적으로 업그레이드되지 않은 노드는 이미 업그레이된 노드가 만들어 낸 블록을 검증할 수 없으며, 통상적으로 하드 포크가 시작하면 발생한다.

[그림 2-52] 하드 포크의 구조

하드 포크의 정의는 비트코인의 블록 양식 혹은 거래 양식(이것이 널리 알려진 '합의')의 변화가 발생할 때, 업그레이드되지 않은

103

노드는 이미 업그레이드된 노드가 생성한 블록의 검증을 거부한다. 그러나 이미 업그레이드된 노드는 업그레이드하지 않은 노드가 생성한 블록을 검증할 수 있다. 그런 다음 모두가 각자 자기가 옳다고 알고 있는 체인을 이어나가기 때문에 두 갈래의 체인으로 분리된다.[1]

[그림 2-53] 하드 포크란 무엇인가?

하드 포크의 특징은 아래와 같다:

1. 앞으로 호환성이 없으므로, 이전 버전은 계속 사용할 수 없으며 강제 업그레이드가 필요하다.

---

① 비트코인 기술: 무엇이 합의, 포크, 호환성인가? [EB/OL]. (2016-10-11) [2017-05-18]. http://business.sohu.com/20161011/n469963760.shtml.

2. 블록체인 플랫폼에는 두 갈래로 분기된 체인이 있다. 하나는 구체인이고, 하나는 새로운 체인의 포크이다.

3. 어느 시간 포인트에는 모두가 포크를 업그레이드하는 것에 동의해야 하고, 동의하지 않으면 구체인으로 들어갈 것이다.[1]

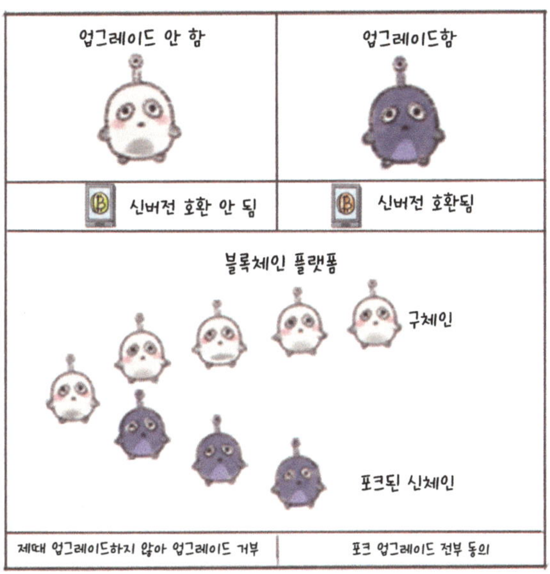

[그림 2-54] 하드 포크의 특징

새로운 합의(consensus) 규칙이 발표된 후에 업그레이드 안 된

---

[1] 하드 포크의 용량 확정은 100% 반드시 분열하지 않는다고 보증할 수 없다 – 소프트 포크는 할 수 있다. [EB/OL]. (2016–10–09) [2017–05–18]. http://8btc.com/thread-40509-1-1.html.

[그림 2-55] 소프트 포크의 구조

노드는 새로운 합의 규칙을 이해하지 못하기 때문에 불법적인 블록을 생산해 낼 것이고, 일시적인 분열(포크)을 발생하게 된다.

소프트 포크의 정의는 다음과 같다.

소프트 포크는 비트코인 거래의 데이터 구조에서 변화가 발행할 때, 업그레이드되지 않은 노드는 이미 업그레이드된 노드가 생성한 블록을 검증할 수 있을 뿐만 아니라, 이미 업그레이드된 노드 역

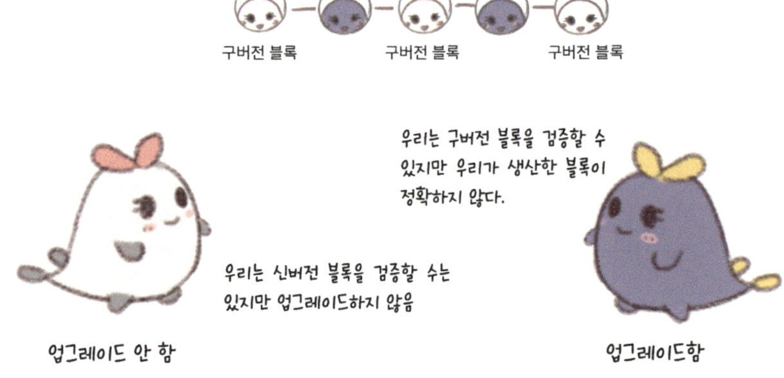

[그림 2-56] 소프트 포크란 무엇인가?

---

① 비트코인이 성장통을 만나면 막힌 것을 해결하고 철저히 분열하는가? [EB/OL]. (2017-03-21) [2017-05-18]. http://forex.cngold.org/c/2017-03-21/c4886602_2.html.

시 업그레이드가 안 된 노드가 생성한 블록도 검증할 수 있다.[1] 소프트 포크의 특징은 아래와 같다.

1. 비교적 유효한 호환성. 이전 버전의 일부 기능을 사용할 수 있고 업그레이드하지 않을 수도 있다.

2. 블록체인 플랫폼에는 포크 체인이 없고 단지 완성된 포크의 블록은 새로운 블록과 옛 블록의 구분이 있다.

3. 상당히 오랜 시간 동안 업그레이드를 진행하지 않고 계속 오리지널 버전에서 생성한 블록을 사용하더라도 새로운 블록과 함께 공존한다.

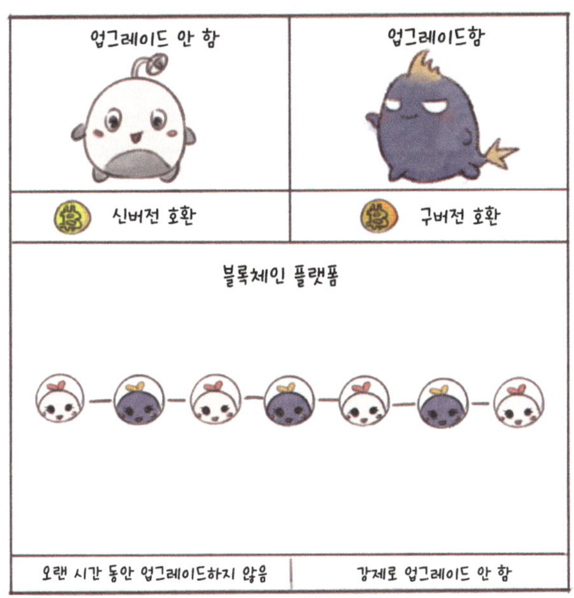

[그림 2-57] 소프트 포크의 특징

4. 몇 개의 흥미로운 사례

우리는 극단적인 상황을 시뮬레이션해서 비트코인 왕국에서의 소위 새로운 시스템의 호환성으로 해석하는 문제를 추론해 보자.

아주 먼 섬에 비트코인 왕국이 있는데 모두가 평화롭게 오랫동안 생활해 왔다. 왕국의 시설들은 낡았고, 이런저런 문제들이 존재하고 있어서 모두가 해결 방법을 토론하기 시작한다.

누군가 다시 수리해야 한다고 생각하고, 《어떻게 아름다운 왕국을 건설할 것인가?》라는 책을 제시하였다. 책에는 여러 가지 방법이 적혀 있었다. 어떤 사람들은 벽을 칠하면 된다고 생각했다. 기

[그림 2-58] 비트코인 왕국의 예

108

본적으로 크게 다툴 필요가 없었으나 두 파벌 간의 논쟁은 끊이지 않았고, 의견 일치에 도달할 수 없어서 결국에 두 갈래로 나뉘게 되었다.

어떤 상황에서 하드 포크가 출현할 수 있을까? 파벌의 논쟁은 끊이지 않아서 제각각 진행하기 시작했다. 다 헐어내고 다시 세우자는 사람은 십여 명의 민간 작업자를 고용해서 새로운 건물을 건축해서 새로워졌고, 왕국 안의 새로운 건축 스타일 역시 이전 건축 스타일과 상당 부분 일치하지 않았다.

비트코인 세계의 하드 포크와 상당히 유사하다. 비트코인 세계는 새로운 노드로부터 시작되어, 옛 체인과 새로운 체인 2개의 체인으로 분리되고 2개의 체인은 서로 호환되지 않는다.

[그림 2-59] 하드 포크

소프트 포크는 어떤 결과가 나타날 것인가? 파벌의 논쟁은 끊이지 않았지만 새로 짓자는 한 파벌의 의견이 타당한 논리가 있어서 그들의 방법대로 인테리어를 수리하고 보수하는 데 동의했다. 그래서 수리 집단이 벽에 구멍을 메우기 시작하고 변색된 색을 새로운 색으로 바꾼다.

이때 왕국에는 정상적인 생활이 여전히 계속되고 신구의 모습이 공존한다. 비트코인에서 업그레이드되지 않은 노드가 이전의 규칙에 따라 계속해서 계산해 내지만, 이미 업그레이드된 노드 역시 여전히 용량을 확장한 이후의 규칙으로 계산한다. 그렇기 때문에 Bitcoin Core(비트코인 핵심 지갑)가 주장하는 Segwit(격리 검증)가 업그레이드된 후에도 비트코인은 여전히 비트코인이고 새로운 화폐가 탄생할 수 없다.

[그림 2-60] 소프트 포크

5. 포크는 어떤 영향이 있는가?

영향을 말하자면 우리는 최근 비교적 성공한 포크를 볼 수 있다.

2016년 7월 이더리움(Ethereum) 개발팀은 소프트웨어의 코드를 수정하여 19만 2,000번째 블록에서 DAO(분산식 자율 조직)는 DAO의 모든 자금을 특정 반환 계약 주소로 옮김으로써 해커가 통제하는 DAO 토큰의 ETH를 무효화시켰다.

그 후 이더리움이 성공적으로 하드 포크함으로써 2개의 체인을 형성하는데, 하나는 ETC(오리지널 체인)이 되고, 하나는 새로운 ETH(포크 체인)이 되었다.

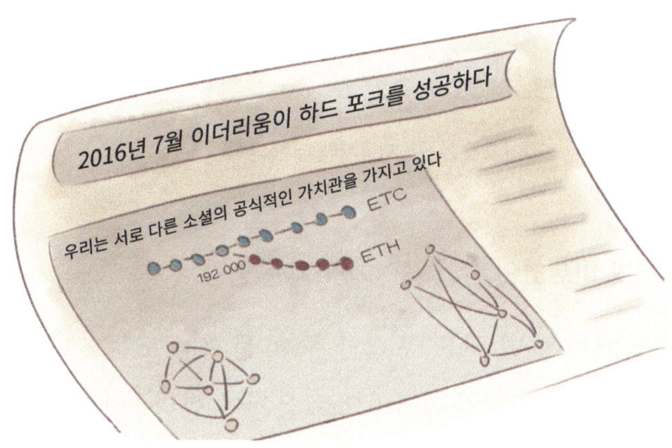

[그림 2-61] 이더리움의 하드 포크

하드포크가 비트코인 채굴자에 미치는 영향:

하드 포크로 번거로워질 수 있지만 채굴자는 큰 노력을 기울여야 한다. 하드포크 후 채굴자는 쉽게 더 많은 화폐를 채굴할 수 있으니 이 얼마나 기쁜가?

그러나 그가 채굴한 화폐는 사용하는 사람이 없기 때문에 원하는 가치를 인정받지 못하며, 결국 시장에서 가격이 결정된다.

[그림 2-62] 채굴자에 대한 영향

하드 포크가 비트코인 산업 체인에 미치는 영향:

기술 측면에서 보면 하드 포크의 주요 문제는 모든 사용자가 다른 규칙을 가진 새로운 블록체인으로 옮겨야 한다는 데 있다. 비트코인의 브랜드 가치를 유지하고 비트코인에 대한 신뢰를 유지하기 위해서 비트코인의 지지자는 하드 포크되는 것을 반대한다. 진짜 하드 포크를 시작하면 치열한 인터넷 전쟁과 여론전이 펼쳐질 것이다.

하드 포크가 화폐 가격에 미치는 영향:

[그림 2-63] 체인에 미치는 영향

한마디로 포크 후에는 비트코인의 화폐 가치가 올라갈지 내려갈지, 앞으로 어떻게 발전할 것인지 시장에서 선택되고 결정된다. 상식적으로 보자면, 포크가 예상되면 비트코인은 폭락한다. 그런 다

[그림 2-64] 하드 포크가 화폐 가치에 미치는 영향

음 포크 후의 2개의 화폐는 흐름에 따라 서서히 이성으로 돌아갈 것이다. 결국, 포크 후의 '1+1'은 반드시 2가 아니라고 볼 수 있다.

비트코인의 포크는 마치 영원히 끝나지 않는 회의를 시작하는 것과 같지만, 이것 역시 탈중앙화 비트코인의 진정한 매력이다.

블록체인의 작업 원리

그러면 블록체인은 도대체 어떻게 작업하는 것인가?

[그림 2-65]와 같이 A와 B 사이에 거래가 일어난다고 가정하면, A

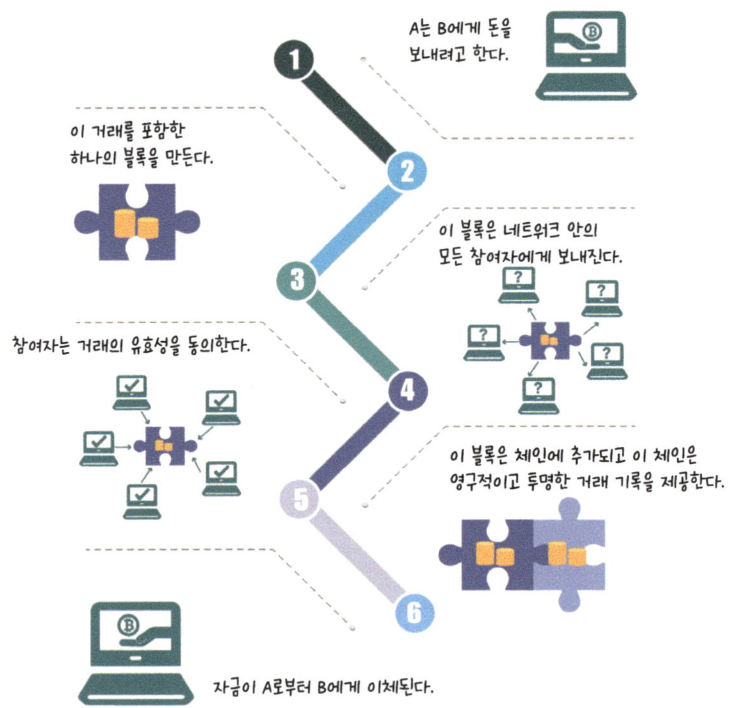

[그림 2-65] 블록체인의 작업 원리

가 먼저 새로운 블록 1개를 만들어야 한다. 이 블록은 인터넷의 모든 참여자에게 전파될 것이고, 모든 참여자가 검증을 동의한 후에 이 블록은 메인 체인에 추가된다. 이 체인에 영구적이고 투명하게 조사할 수 있는 거래 기록이 포함되는 것이다. 전 세계에서 단 하나뿐인 장부의 기록을 모든 사람이 찾아서 확인할 수 있다.

블록체인 기술은 사실상 분산식 데이터베이스로 이 데이터베이스 안의 장부 기록은 개인 혹은 어느 중앙화된 주체가 제어하는 것이 아니라 모든 노드가 공동으로 유지 보수되고, 공동으로 기록되는 것이다. 모든 단일 노드를 왜곡할 수 없다.

만일 당신이 이 기록을 왜곡하고 싶다면 당신은 동시에 모든 인터넷의 51%를 넘는 노드나 계산 능력을 가지고 제어할 수 있다면

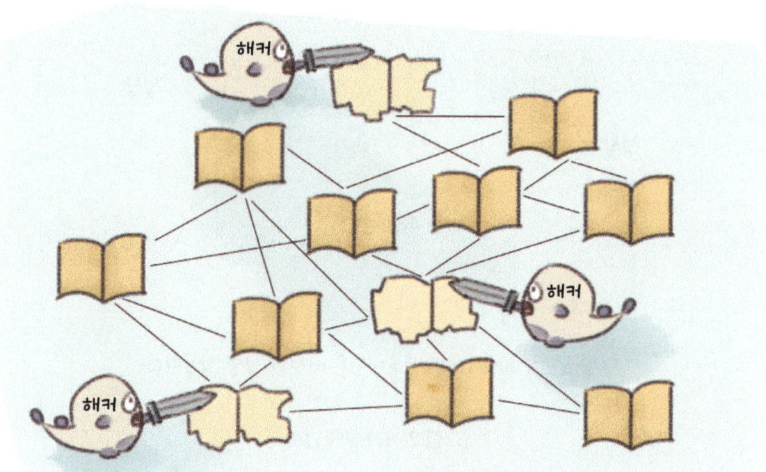

[그림 2-66] 장부 왜곡은 실현될 수 없다.

115

가능할 수 있다. 또한, 블록체인 안의 노드는 무제한으로 새로운 노드를 추가하고 있어서, 새로운 노드의 추가가 언제쯤 끝이 날지 알 수 없을 뿐만 아니라, 왜곡하는 데 필요한 원가도 매우 높아서 누구도 감당할 수 없다.

블록체인의 4대 특징

무수한 장부 기록을 통해서 블록체인은 하나의 신뢰성과 대용량의 공공 장부가 된다. 블록체인은 다음과 같은 몇 가지 특징이 있다.[1]

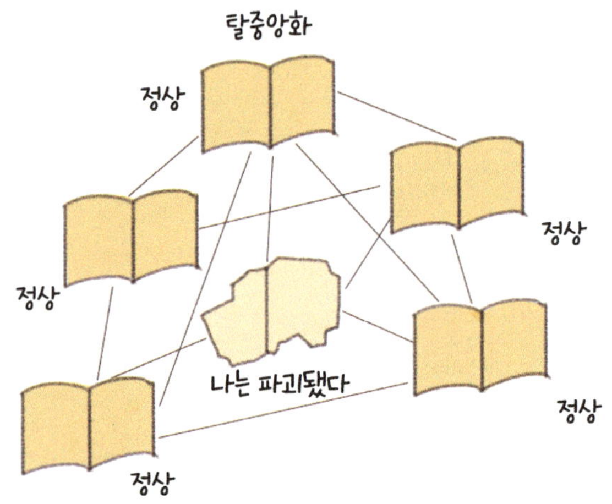

[그림 2-67] 탈중앙화

---

[1] 블록체인 기술 해설[EB/OL]. (2017-02-15) [2017-05-18]. https://wenku.baidu.com/view/1321bb5e326c1eb91a37f111f18583d049640f3f.html.

1. **탈중앙화**: 탈중앙화된 금융 시스템에는 중개 기관이 없다. 모든 노드의 권리와 의무는 서로 같아서 임의의 노드가 정지하더라도 전체 시스템 동작에 영향을 줄 수 없다.

2. **탈신뢰**: 블록체인에서 모든 노드 사이에는 신뢰 없이도 거래를 진행할 수 있다. 데이터베이스와 전체 블록체인의 동작은 공개적이고 투명하기 때문에 블록체인의 규칙과 시간 범위 안에서 서로를 속일 방법이 없다.

[그림 2-68] 탈신뢰

3. **집단 유지 보수**: 블록체인의 유지 보수 기능을 가지고 있는 모든 사람이 공동으로 유지 보수 작업에 참여한다.

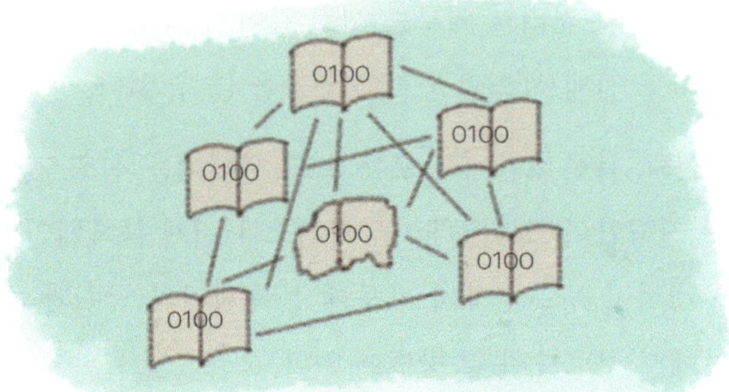

[그림 2-69] 집단 유지 보수

4. 신뢰할 수 있는 데이터베이스: 블록체인에서는 노드마다 모두 최신 완전한 사본을 갖추고 있어, 단일 노드의 데이터베이스를 고치는 것은 효력이 없다. 블록체인이 자동으로 비교하기 때문에 동일한 다른 데이터 기록을 진실한 것으로 인식한다.

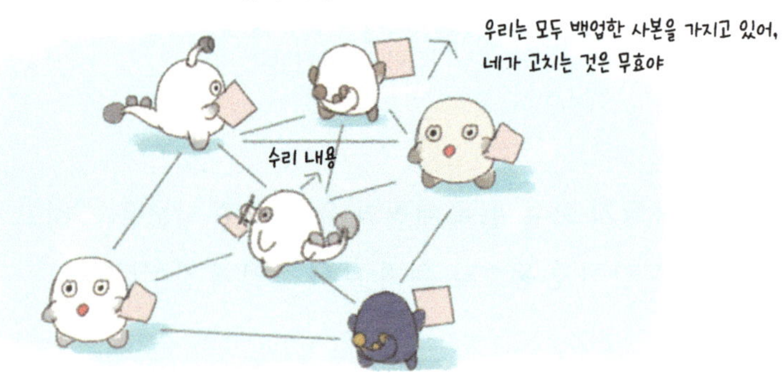

[그림 2-70] 신뢰할 수 있는 데이터베이스

몇 가지 문제: 블록체인의 기본 구조

블록체인의 모델 구조

블록체인의 모델 구조는 수천 번 논의되었고, 기본적인 구조가 정의되었다. 우리는 여러 자료 중에서 비교적 포괄적이고 이해하기 쉬운 자료를 인용하여 설명할 것이다.

블록체인의 기본 구조는 6층으로 데이터층, 네트워크층, 합의층, 보상층, 계약층, 응용층을 포함한다. 각 층은 핵심 기능이 완전히 분리되었는데, 각층 사이에는 서로 맞물려서 하나의 탈중앙화된 신뢰 기구를 만든다.

1. 데이터층

데이터층은 주로 블록체인 기술의 물리적 형태를 나타낸다. 블록체인의 시스템을 설계한 기술자가 먼저 만든 시작 노드가 '제네시스 블록'이다. 그 후에 같은 규칙으로 만든 규격이 같은 블록을 체인식의 구조로 서로 연결하여 메인 체인을 만든다. 운행 시간이 길어질수록 새로운 블록은 검증을 통과한 후에 끊임없이 메인 체인에 추가되고, 끊임없이 연장될 것이다.

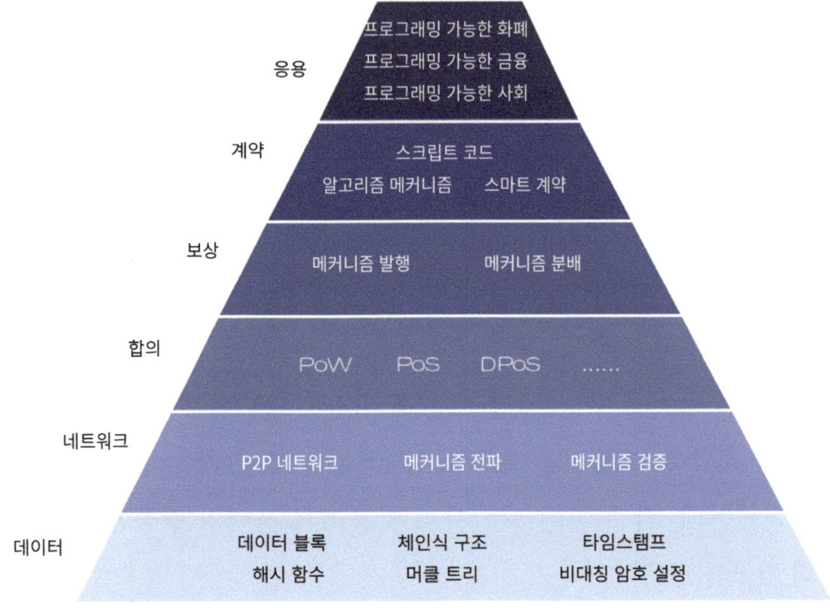

[그림 2-71] 블록체인의 모형 구조

각 블록에는 많은 기술이 포함되어 있다. 예를 들어 타임스탬프 기술처럼 각 블록이 시간 순서에 따라 서로 연결되는 것을 확보할 수 있으며, 또 해시 함수와 같이 거래 정보가 왜곡될 수 없음을 확보할 수 있다.

2. 네트워크층

네트워크층의 주요 목적은 블록체인이 네트워크 안 노드 사이의 정보 거래를 실현하는 것이다. 블록체인의 네트워크는 본질적으로 P2P(peer to peer) 네트워크다.

각 노드는 정보를 받기도 하고 정보를 생성하기도 한다. 노드 사이에는 공동 블록체인의 유지 보수를 통해서 통신을 유지한다.[1]

블록체인 네트워크의 각 노드는 모두 새로운 블록을 만들어 낼 수 있고, 새로운 블록이 생성된 후에 전파되는 형식으로 다른 노드에 통지하면, 다른 노드는 이 블록에 대해 검증을 진행하고 모든 네트워크의 51%를 넘는 노드의 검증을 통과한 후에 새로운 블록은 메인 블록에 연결하여 추가된다.

[그림 2-72] 블록체인의 네트워크층

---

① 블록체인 기술의 초급부터 심층 소개 [EB/OL]. (2016-06-15) [2017-05-18].
 http://8btc.com/thread-34731-1-1.html?utm_source=tuicool&utm_medium=referral.

3. 합의층

합의층은 고도의 분산된 노드로 하여금 분산된 시스템에서 효율적으로 블록 데이터의 유효성에 대한 합의를 달성하는 것이다. 블록체인에서 비교적 상용되는 합의 제도는 주로 작업 증명(PoW), 지분 증명(PoW)과 주식 위임 권한 증명(DPoS) 등 3종류가 있는데 다음 장에서 중점적으로 설명할 예정이다.

4. 보상층

보상층의 주요 기능은 일정한 보상 조치를 제공하는 것으로 보상

[그림 2-73] 블록체인의 보상층

노드는 블록체인의 안전성 검증 작업에 참여한다. 비트코인을 예로 들면 보상은 2종류가 있다.

비트코인 총량이 2,100만 개에 도달하기 전의 보상은 2가지가 있는데 새로운 블록이 생긴 후에 시스템이 보상하는 비트코인과 거래마다 공제하는 비트코인(수수료)이다. 비트코인 총량이 2,100만 개에 도달하면 새로 생긴 블록은 비트코인을 재생산할 수 없으므로 이때 보상은 거래마다 공제하는 수수료가 된다.

5. 계약층

계약층은 주로 각종 스크립트 코드, 알고리즘 메커니즘 및 스마트 계약 등이다. 비트코인을 예로 들면, 비트코인은 일종의 프로그램할 수 있는 화폐로 계약층의 스크립트에서 비트코인의 거래 방식과 과정에 관련된 여러 가지 세부 사항을 규정하고 있다.

6. 응용층

응용층은 블록체인의 각종 응용 프로그램과 사례를 담고 있다. 블록체인의 국가 간 지급 플랫폼 OKLink를 기초로 '응용편'에서 각양각색의 응용을 설명할 것이다.

블록체인의 기본 유형

1. 퍼블릭 블록체인(Public Blockchain)

퍼블릭 블록체인은 전 세계 누구나 읽고, 누구나 거래를 시작할 수 있을 뿐만 아니라 거래에 대한 유효한 확인을 얻을 수 있고, 누구나 합의 과정의 블록체인에 참여할 수 있는 것을 의미한다. 합의 과정은 어느 블록을 블록체인에 추가할지 결정함과 동시에 현재의 상태를 명확히 한다.[1]

퍼블릭 블록체인은 아래와 같이 몇 가지 특징이 있다.

1) 사용자를 보호하여 개발자의 영향을 받는 것을 피하도록 한다.

퍼블릭 블록체인의 프로세스 개발자가 권한 없이 사용자를 간섭할 때, 블록체인은 그 사용자를 보호할 수 있다.

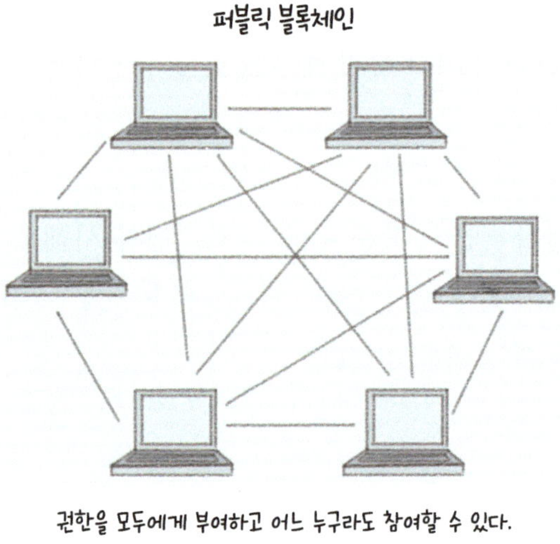

[그림 2-74] 퍼블릭 블록체인

---

[1] 블록체인의 포괄적 이해: 퍼블릭 체인 vs 프라이빗 체인[EB/OL]. (2016-08-09) [2017-05-18]. http://www.weiyangx.com/199778.html.

2) 방문 문턱이 낮다.

어떤 사람도 방문할 수 있고 인터넷을 할 수 있는 컴퓨터 한 대만 있다면 기본 방문 조건을 만족할 수 있다.

3) 소유 데이터의 암묵적 공개

퍼블릭 블록체인의 모든 참여자는 전체 분산식 장부 안의 모든 거래 기록을 볼 수 있다.

2. 프라이빗 블록체인(Private Blockchain)

프라이빗 블록체인은 그룹 안의 노드에만 권한을 부여하는 것으로, 읽기 권한 또는 대외적으로 개방된 권한을 제한하는 것을 목적으로 한다.

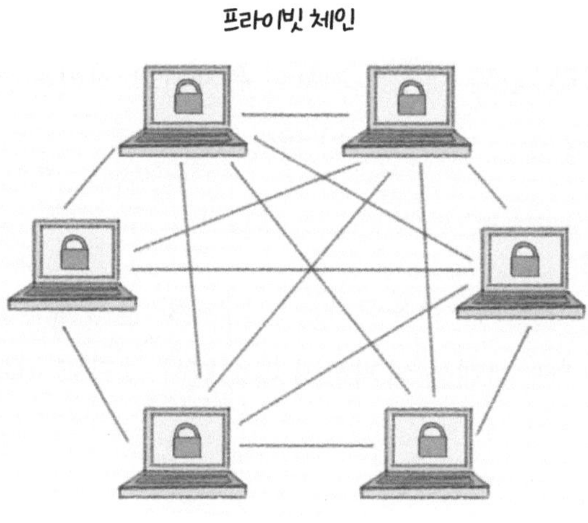

[그림 2-75] 프라이빗 블록체인

프라이빗 체인은 아래와 같이 몇 가지 특징이 있다.

1) 거래 속도가 매우 빠르다.

프라이빗 블록체인 안의 소규모의 노드는 매우 높은 신뢰도를 가지고 있어서 실시간으로 거래를 검증할 필요가 없다. 따라서 프라이빗 체인의 거래 속도는 퍼블릭 블록체인보다 매우 빠르다.

2) 프라이버시가 보장된다.

프라이빗 블록체인의 데이터는 공개되지 않으므로 네트워크에 연결된 모든 사람이 얻을 수는 없다.

3) 거래 원가가 크게 절감되고 심지어 '0'이 된다.

프라이빗 블록체인은 전부 무료거나 최소화된 수수료로 거래할 수 있다. 만일 실체적 기관이 통제하고 처리하면 모든 거래는 더이상 돈을 받을 필요가 없다.

4) 기존 생태계가 파괴되지 않도록 보호한다.

은행과 전통적인 금융회사는 프라이빗 블록체인을 사용하여 원래의 생태 체계를 파괴하지 않으면서 그들의 이익을 보장할 수 있다.

3. 컨소시움 블록체인(Consortium Blockchain)

컨소시움 블록체인은 합의 과정에서 노드에 대한 통제를 받는 블록체인을 의미한다.

예를 들어 15개 금융기관으로 구성된 공동체에 대해 말하자면, 각각의 기관은 각자의 노드를 운영하고 있다. 하나의 블록이 유효하기 위해서는 그중 절반 이상인 8개 기관의 확인을 획득할 필요가 있다. 블록체인은 각자 읽을 수 있도록 허용할 수 있고 참여자가 섞인 노드에 한정될 수도 있다.[1]

[그림 2-76] 컨소시움 블록체인

---

① 황부티엔, 블록체인의 형태[EB/OL]. [2017-05-18].
  https://wenku.baidu.com/view/43d83e1b9ec3d5bbfc0a74be.html.

컨소시움 블록체인은 '부분적 탈중앙화'라고도 볼 수 있는데 블록체인 프로젝트인 R3 CEV는 컨소시움 블록체인의 한 형태이다.

4. 기타

허가형 블록체인(Permissioned Blockchain)은 노드마다 허가를 해야만 블록체인 시스템에 가입할 수 있다. 프라이빗 블록체인과 컨소시움 블록체인 모두 허가형 블록체인에 속한다. 블록체인 기술이 발전함에 따라 블록체인 기술의 구조는 더 이상 단순하게 프라이빗 블록체인과 퍼블릭 블록체인으로 분류할 수 없으며, 그들 사이의 경계는 갈수록 모호해지고 있어서 복잡 블록체인과 혼합 블록체인의 개념은 점점 사람들에게 제기될 것이다.

블록체인의 발전 단계

블록체인 과학연구소의 설립자 멜라니 스완(Melanie Swan)의 분석에 따르면, 블록체인 기술의 발전은 블록체인 1.0, 블록체인 2.0, 블록체인 3.0 등 3단계로 나눌 수 있다고 설명한다.

■ 블록체인 1.0: 비트코인으로 대표되는 프로그램 가능 화폐로서 화폐 전이, 지급, 결제 시스템 등 디지털 화폐 분야의 혁신

---

① 블록체인이 왔다. 미래의 운명으로 우리의 생활을 뒤덮을 것이다.[EB/OL]. (2016-04-20) [2017-05-18]. http://mt.sohu.com/20160420/n445253975.shtml.

을 의미한다.

- 블록체인 2.0: 블록체인에 기반한 프로그램 가능 금융으로 주식, 증권, 선물, 대출, 결산, 스마트 계약 등 계약의 혁신-특별히 비즈니스 계약 및 거래의 혁신을 포함한다.

- 블록체인 3.0: 다른 산업에서의 블록체인 응용으로 건강, 과학, 문화와 블록체인을 기반으로 하는 사법, 투표 등을 포함하여, 인류의 조직 형태의 변혁에 대응한다.

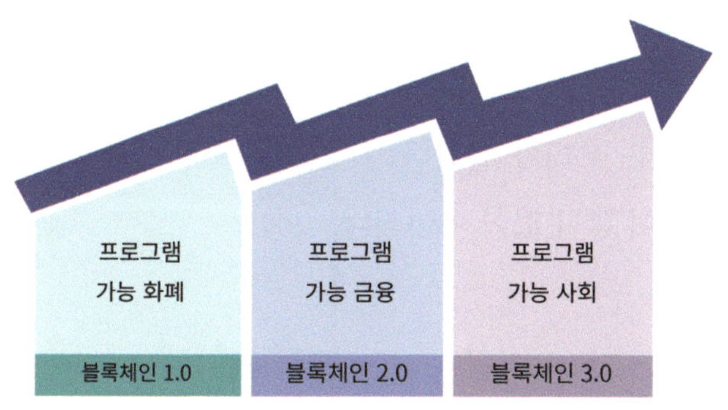

[그림2-77] 블록체인의 발전 단계

블록체인의 합의 메커니즘

우리는 합의의 메커니즘을 이해하기 전에 2개의 오래된 문제인 두 장군의 문제(Two Generals' Problem)와 비잔틴 장군 문제(Byzantine General Problem)를 먼저 살펴보자.

문제 1: 두 장군의 문제(Two Generals' Problem)

이 문제에 관해 일반적으로 알려진 설명은 다음과 같다.

서로 멀리 떨어져 있는 2개의 군대가 정보를 전달해야 한다. 청군이 통신병을 홍군에 보내어 "대포를 가져와라."라고 전한다. 홍군이 이 정보를 듣고 또 통신병을 청군에 보내 "지령을 받았다."라고 전한다. 청군이 다시 통신병을 홍군에 보내 "너희가 지령을 받은 것을 알았다."라고 전한다. 이에 홍군이 다시 청군에 통신병을 보내 "우리가 지령을 받은 것을 너희가 알았다는 것을 알았다."라고 전하자, 청군이 다시 홍군에게 통신병을 보내 "너희가 지령을 받았다는 것을 우리가 알았다는 것을 너희가 알았다는 것을 알았다."라고 하여 끝이 없이 이어진다.

[그림2-77] 두 장군의 문제

문제 2: 비잔틴 장군 문제(Byzantine General Problem)

비잔틴 장군 문제는 매우 오래된 문제로 구체적인 설명은 다음과 같다.

비잔틴 로마제국이 군사 행동을 하는 중, 장군들의 투표로 공격할 것인지 철수할 것인지를 결정하는데 다수결로 공격이 결정되면 진격하는 것이다. 그러나 군대에 배신자(장군이 이미 배신하여 고의로 투표를 어지럽히거나 통신병의 잘못된 정보를 믿고 스스로 군령을 바꾸는 등)가 있다면 최후의 투표 결과가 진짜로 충성스런 장군의 뜻이 반영되었다는 것을 어떻게 보장할 수 있겠는가?[1]

우리는 이 문제를 상세하게 설명하고자 한다.

아주 오래전 비잔틴이라 불리는 강대한 제국이 있었다. 이 나라의 군대는 매우 강해서 주위에 10여 개의 소국이 비잔틴의 지배를 받고 있었지만, 동시에 6개 이상의 국가가 공격해야만 비잔틴제국을 쓰러트릴 수 있고, 그렇지 않으면 전쟁은 반드시 패배한다.

고대 군대 사이의 통신은 완전히 사람에 의존하였기 때문에 만일 한 국가의 군대 안에 명령을 내리는 장군이든지, 정보를 전하는 통신병이든지 간에 배신자가 있다면 다른 9개 국가는 거짓 정보를 받을 수도 있다.

---

[1] 数据阳光. 기술 측면에서 블록체인을 보다[EB/OL]. (2016-10-17) [2017-05-18]. http://sanwen.net/a/unmoipo.html.

[그림 2-79] 비잔틴 장군 문제

그러면 만일 당신이 소국 중 한 국가의 국왕이라면 어떻게 다른 5개 이상의 국가와 함께 협력하여 전쟁을 하겠다는 판단을 내릴 수 있겠는가? 조심하지 않으면 당신의 나라는 멸망한다.

이러한 문제 때문에 우리는 합의를 달성할 필요가 있다. 블록체인에서의 합의 메커니즘은 여러 종류가 있는데, 완전무결한 합의 메커니즘은 없으며 동시에 합의 메커니즘이 모든 응용에 적합하지 않다는 것을 의미하기도 한다. 우리는 특색 있는 9종의 합의 메커니즘을 비교하여 간단하게 설명할 것인데, 주요 메커니즘은 작업 증명, 지분 증명, 주식 권한 증명이다.

1) 작업 증명(Proof of Work)

작업 증명(PoW)은 일반적으로 결과에 의해서만 증명할 수 있는데 모니터링 작업 과정이 번거롭고 효과가 낮기 때문이다.

비트코인은 블록을 생성하는 과정 중에 PoW 메커니즘을 사용하는데 만족스러운 블록 해시값은 N개의 앞에 오는 0으로 구성되며 0의 개수는 네트워크의 난이도에 따라 달라진다. 얻어야 하는 합리적인 블록 해시값은 대량의 테스트 계산을 통해야만 하고, 계산 시간은 기기의 해시 계산 속도에 의해 결정된다. 어느 노드가 적절한블록 해시값을 도출해냈다는 것은 이 노드가 테스트 계산을 많이 했음을 의미하는데, 당연히 이는 계산 횟수가 동일한 절댓값이라 할 수 없다. 왜냐하면, 적절한 해시값을 찾는 것은 하나의 확률적 사건이기 때문이다. 노드가 전체 네트워크의 n%를 차지하는 계산력을 가졌을 때 이 노드가 즉시 블록 해시값을 찾을 확률은 n%이다.

PoW에 의지하는 기기는 수학 계산을 진행하여 장부 기록권을 취득하는데 자원 소모가 크고, 합의 메커니즘이 높으며, 모니터링이 약할 수 있다. 그래서 동시에 각 합의에 도달하는 것은 전체 망의 공동 참여 계산이 필요하고 성능 효율이 비교적 낮고, 오차 측면에서 전체 망의 50% 노드의 오류를 허용한다.

- PoW의 장점: 완전한 탈중앙화로서 노드의 참여가 자유롭다.
- PoW의 단점: 현재 비트코인은 이미 전 세계 대부분의 계산 능

력을 끌어들이고 있으며, 기타 PoW의 합의 메커니즘을 사용하는 블록체인의 응용은 같은 계산 능력으로 스스로의 안전을 보장하기 어렵다. 채굴은 대량의 자원 낭비가 일어나며, 합의에 도달하는 기간이 비교적 길다.

PoW를 사용하는 프로젝트에는 비트코인과 이더리움의 3단계(Frontier, Homestead, Metropolis)가 포함된다. 이더리움의 4번째 단계인 Serenity는 지분 증명 메커니즘에 사용된다.

2) 지분 증명(Proof of Stake)

지분 증명(PoS)은 2011년 'Quantum Mechanic'이 처음 제안한 것으로, 후에 피어코인(Peercoin)과 NXT 코인 등의 알고리즘으로 구현되었다.

PoS의 주요 개념은 노드가 가진 장부 기록권의 획득 난이도와 지분내역의 반비례로, PoW와 비교하면 일정 정도 수학 계산에서 오는 자원 소모가 줄어들고 성능도 상승하는 효과를 얻는다. 그러나 해시 계산을 기반으로 한 경쟁을 통해 장부 기록권을 얻는 방식이기 때문에 모니터링이 약하다. 이것은 PoW의 업그레이드로 각 노드가 점유하고 있는 가상 화폐 비율과 시간의 등비례를 근거로 채굴 난이도를 낮추고 해시값을 찾는 속도를 빠르게 할 수 있다.

PoW에서 사용자가 1,000달러로 컴퓨터를 산다고 하면, 네트워크에 참여해서 새로운 블록을 생성하고 채굴하여 보상을 얻을 수

있다. PoS에서 사용자는 1,000달러로 같은 가치의 토큰을 가질 수 있고, 이 토큰을 보증금으로 삼아서 PoS 메커니즘에 참여하면 사용자가 새로운 블록을 생성하고 보상을 받을 수 있는 기회를 얻을 수 있다.

결론을 말하자면, 이 시스템에 자신이 소유한 토큰으로 PoS 메커니즘에 참여하면 토큰을 소유한 지분순으로 검증자가 될 수 있다. 예를 들어 블록체인의 가장 앞에 하나의 블록이 있다고 치면, PoS 알고리즘은 검증자 한 명을 임의로 선택하여(검증자를 선택하는 권한은 그들의 투입한 토큰 양에 의거한다. 예를 들어 보증금 10,000 토큰을 투입한 검증자가 선택될 확률은 1,000 토큰을 투입한 검증자보다 10배 높다.) 그에게 다음 블록을 생성하는 권리를 준다. 만일 일정 시간 내에 이 검증자가 블록을 생성하지 않는다면 두 번째 선택된 검증자가 대신 새로운 블록을 생성한다. PoW와 마찬가지로 PoS 또한 가장 긴 체인을 기준으로 한다.

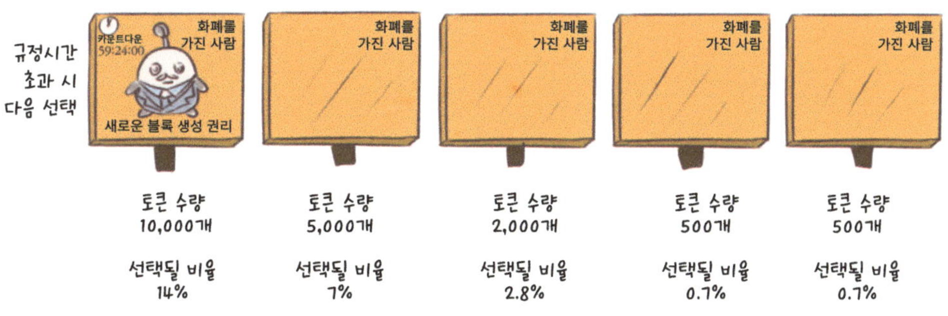

[그림 2-80] PoS 알고리즘의 검증자 선택

규모의 경제(생산 규모의 확대로 인한 경제적 이익의 증가 현상)의 축소는 중앙집중화의 위험을 감소한다. 가치가 1,000만 달러인 토큰이 가져온 수익은 그렇게 많지 않지만 가치가 100만 달러인 토큰의 10배로, 대규모 생산 도구로 사용하기에는 충분하지 않기 때문에 불평등한 추가 보상을 얻을 수 없을 것이다.

- PoS의 장점: 합의를 달성하기 위한 시간을 어느 정도 단축할 수 있다. 더 이상 대량의 에너지를 채굴하는 데 소모할 필요가 없다.
- PoS 단점: 여전히 채굴은 필요하며, 본질적으로 비즈니스 응용의 문제점을 해결할 수 없다. 모든 검증은 단지 확률상으로 표시되는 것으로 확정성을 가진 것이 아니다. 이론상으로 외부의 공격으로 인한 영향이 있을 가능성이 있다. 예를 들면 이더리움의 DAO 공격 사건으로 이더리움은 하드 포크를 단행하게 되었고, ETC의 출현은 사실상 하드 포크가 실패하였음을 증명하였다.

3) 위임 지분 증명(DPoS)

비트셰어(BitShares) 커뮤니티에서 PoS 방식을 기반으로 각 노드를 대신할 대표자를 선출하는 위임 증명(DPoS)을 제안하였다.

대리인이 장부를 검증하고 기록하는 방식은 합법적 모니터링, 성능, 자원 소모와 오차성에서 PoS와 유사하다. 지분을 가진 사람이 자기 지분을 가지고 투표해서 대표자를 선출하고, 검증과 장부 기

록을 위임하는 점에서 주식회사 이사회의 의사결정 방식과 유사하다.

DPoS의 작업 원리는 아래와 같다.

각 지분 소유자는 지분을 가진 비율에 따라 영향력을 갖는데 51% 지분의 결과는 되돌릴 수 없는 구속력을 가진다. 이를 위해 가장 빠르고 효과적인 방법을 사용해서 51%의 결과에 도달하려 한다. 이 목표에 도달하기 위해 각 지분 소유자는 그 투표권을 한 명의 대표에게 줄 수 있다. 표를 많이 얻은 100명의 대표가 정해진 시간에 따라 블록을 돌아가며 생성한다.

모든 대표자는 블록마다 평균적으로 거래 비용의 10%를 수수료를 받는다. 만일 평균 수준의 블록이 100개의 지분을 거래 비용에 사용

[그림 2-81] DPoS 작업 원리

한다면 한 명의 대표는 하나의 지분을 수수료로 얻는다.

인터넷에서 지연으로 인해 대표가 즉시 블록을 전달할 수 없는 경우도 있는데, 이는 블록체인의 포크(fork)를 야기한다. 그러나 블록을 생성하는 대표가 블록 앞뒤의 블록을 만드는 대표와 직접 연결하여 만들 수 있기 때문에 포크가 발생할 가능성이 낮다.

이렇게 당신과 뒤의 대표(어쩌면 그 후의 대표를 포함)의 직접 연결은 당신이 수수료를 받을 수 있다는 것을 보증한다.

DPoS의 투표 모드는 30초마다 새로운 블록을 만들 수 있고, 일반적인 인터넷 환경에서는 블록체인의 포크 가능성이 매우 낮으며 또한 몇 분 내에 발생한 결과일 수 있다. 위임 권한 증명(DPoS)의 실행 순서는 기본적으로 아래와 같다.

1. 대표 등록: 대표가 되어 네트워크에 당신의 공개 키를 등록하고 32개의 특수 식별명을 얻어야 한다. 식별명은 각 거래 블록의 앞에 사용된다.

2. 투표 권한 부여: 각 지갑에는 파라미터 설정 윈도우가 있으며, 이 윈도우에서 사용자는 하나 또는 여러 대표를 선택할 수 있고, 등급을 구분할 수 있다. 일단 설정이 되면 사용자가 만든 각 거래의 투표권은 '기탁자'에서 '수탁자'로 옮겨진다. 일반적 상황에서 사용자는 전문적으로 투표가 목적인 거래를 생성하지 않는데 이는 거래 비용을 필요로 하기 때문이다. 그러나 긴급한 상황에서는 어떤

사용자라도 거래 비용을 지급해서 더욱 적극적인 방식으로 그들의 투표가 가치가 있는 것으로 바뀌도록 할 수 있을 것이다.

3. 대표를 성실하게 유지: 각 지갑은 사용자가 상태 인디케이터를 사용하여 그들의 대표가 어떻게 활동하고 있는지 알 수 있도록 한다. 만일 사용자의 많은 블록이 오류가 있다면 시스템은 새로운 대표로 바꾸도록 추천할 것이다. 만일 어떤 대표가 무효한 블록에 사인하는 것을 발견한다면 모든 표준 지갑은 각 지갑에 더 많은 거래를 하기 전에 새로운 대표 선출을 요구할 수 있다.

4. 공격에 저항: 앞 100명의 대표가 얻은 권리는 서로 같은 것으로 각 대표는 모두 평등한 투표권을 가지고 있으므로 1%를 초과하는 투표권을 얻어서 권리를 단일 대표에게 집중할 방법이 없다. 상상하기 어려운 공격자가 100명의 대표만이 생성한 블록의 대표를 차례대로 돌아가며 서비스 거절 공격을 진행할 수 있다. 그러나 다행스럽게도 각 대표의 식별명인 공개 키는 IP 주소가 아니므로 이러한 특정 공격의 위협이 줄어든다. 특히, DDoS(분산식 거절 서비스) 공격의 대상이 되기는 더욱 어렵다. 대표 사이의 잠재적인 연결은 공격자가 블록 생성을 막는 것을 더욱 어렵게 만든다.

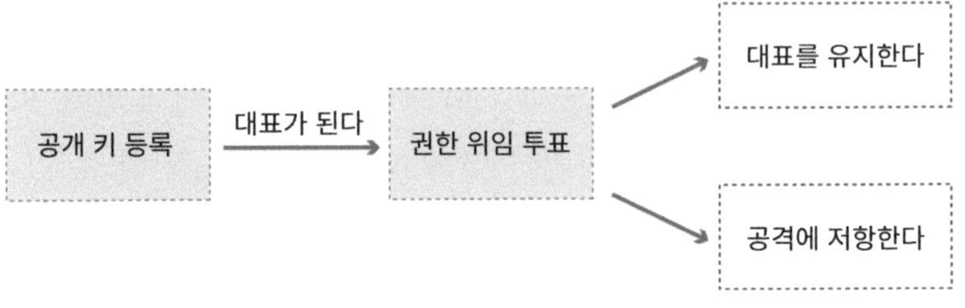

[그림 2-82] DPoS의 투표 모드

- DPoS의 장점: 대폭적으로 검증 참여와 장부 기록 노드의 수를 을 축소하여 초 단위의 합의 검증에 도달할 수 있다.
- DPoS의 단점: 합의 메커니즘은 거래 비용에 의존하지만 많은 상용 애플리케이션에서 거래 비용이 필요하지 않다.

4) 합의에 베팅하다.

합의에 베팅하는 것은 다음 세대 이더리움에 대한 합의 메커니즘 인 캐스퍼(Casper)에 의해 도입된 완전히 새로운 개념으로 PoS에 속한다. 캐스퍼의 합의는 블록에 따라 달성하는 것으로, PoS처럼 체인에 따라 달성하는 것이 아니다.

검증자가 다른 생태계에서 다른 투자를 제공하는 것을 방지하기 위해 '만일 당신이 2차례의 베팅 번호가 같거나 캐스퍼가 계약에 의거하여 처리할 수 없는 베팅을 제출한다면 당신은 모든 보증금 을 잃을 것이다'라는 간단하고 엄격한 조항이 있다.

이 점은 캐스퍼와 전통적인 PoS가 서로 다른 점임을 알 수 있을 것이다. 캐스퍼는 징벌 메커니즘이 있어서 불법적인 노드는 악의 적인 인터넷 공격을 통해서는 거래 비용을 얻을 수 없을 뿐만 아니라, 보증금을 받지 못하는 리스크에도 직면할 것이다.

캐스퍼 협의에서의 검증자는 블록 승인과 베팅 등 2개의 활동이 필요하다. 구체적으로 아래와 같다.

블록 승인은 기타 모든 사건에 독립되어 발생하는 과정이다. 검증자가 거래를 수집하고 블록 검증 시간이 되었을 때 그들은 블록을 만들고 사인을 한 후에 네트워크에 발송한다. 투자의 과정은 좀 더 복잡해서 현재 캐스퍼가 인정한 검증자는 전통적인 비잔틴 결함 허용 범위의 합의를 모방하여 설계할 수 있어서 다른 검증자가 어떻게 베팅하는지, 33의 처리 값을 취하는지, 0 혹은 1의 진일보한 이동을 하는지를 관찰한다.

클라이언트(client)에서 이전의 상태를 확인하는 과정은 먼저 모든 블록과 지갑을 다운로드 받기 시작한 후에 위의 알고리즘을 이용하여 자신의 의견을 형성한다. 그러나 의견을 공표하지는 않는다. 그것은 간단하게 순서에 따라 각각 고도의 관찰을 진행해야만 한다. 만일 블록의 확률이 0.5보다 높으면 그것을 처리하고 그렇지 않으면 패스한다. 모든 블록을 처리한 후에 얻은 상태는 블록체인의 '현재 상태'로 표시된다. 클라이언트에는 '최종 확정'에 대한 주관적인 견해를 제시할 수 있다.

만일 K 앞의 개별 블록이 형성한 의견이 99.999%보다 높거나 0.001%보다 낮다면 클라이언트는 K 앞의 블록을 이미 최종 확정된 것으로 볼 수 있다.

5) 리플(Ripple)의 합의 메커니즘

리플의 합의 메커니즘은 하나의 노드 그룹이 특정 노드 목록을 기반으로 합의를 형성하는 것이다. 초기 특정 노드의 목록은 마치 클럽과 같아서 새로운 신입 구성원으로 가입하려면 반드시 투표를 통해 51% 구성원의 동의를 얻어야 한다. 합의는 핵심 구성원의 '51% 권한'에 따르고 외부 인원은 영향력이 없다. 이 클럽은 중앙집중식으로 시작하였기 때문에 항상 중앙집중화 되어 있으며, 만일 부패가 시작된다면 주주들은 아무것도 할 수 없다. 비트코인 및 피어코인 역시 같다. 리플 시스템은 주주들과 투표권을 분리하기 때문에 기타 시스템보다 더욱 중앙화되어 있다.

[그림 2-83] 리플 합의 메커니즘

6) Pool 검증

전통적 분산형의 일치성 기술 및 데이터 검증 메커니즘을 기반으로 한 Pool(연합 운영) 검증은 현재 업계에서 널리 사용되는 합의

메커니즘이다. Pool 검증의 장단점은 아래와 같다.

- 장점: 토큰이 필요 없이 작업이 가능하며 성숙한 분산형 일치성의 알고리즘(Pasox, Raft)을 기반으로 일반적인 수준의 합의 검증을 실현한다.
- 단점: 비트코인보다 덜 분산되어 다양한 참여가 가능한 멀티 중심 비즈니스 모델에 적합하다.

7) 실용적 비잔틴 결함 허용(Practical Byzantine Fault Tolerance)

분산형 계산에서 다른 컴퓨터는 정보 교환을 통해서 합의 달성을 시도하지만, 어떤 때는 시스템 안에 협조하는 컴퓨터 혹은 구성원 컴퓨터가 시스템의 오류 때문에 잘못된 정보를 교환할 수 있어서 최종 시스템의 일치성에 영향을 끼친다. 비잔틴 장군 문제는 컴퓨터의 수량 오류를 근거로 가능한 해결 방법을 찾을 수 있다. 사실 절대적 방법을 찾을 수 없기 때문에 단지 메커니즘의 유효한 정도를 검증하는 데 사용할 수 있다.

비잔틴 장군 문제의 해결 가능한 방법은 $N \geq 3F+1$의 상황에서 일치성은 실현 가능한 것(N은 컴퓨터 총수가 되고, F는 문제가 있는 컴퓨터 총수가 된다)이다.

컴퓨터 간에 정보가 상호 교환된 후에 각 컴퓨터는 얻은 모든 정보를 나열하고 대부분의 결과를 해결 방법으로 사용한다.

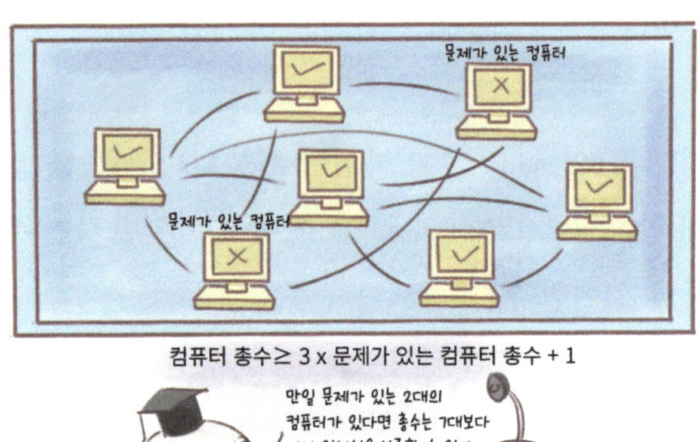

[그림 2-84] 비잔틴 결함 허용

가장 먼저 카스트로(Miguel Castro)와 리스코프(Barbara Liscov)가 1999년에 제안한 실용적 비잔틴 결함 허용(PBFT)은 널리 사용되는 최초의 비잔틴 결함 허용 알고리즘이다. 다만 시스템 내의 2/3의 노드가 올바르게 작동하는 한 일치성을 검증할 수 있다.

실용적 비잔틴 결함 허용(PBFT) 알고리즘의 일반적인 과정은 아래와 같다. 예를 들어 클라이언트는 ⟨REQUEST,o,t,c⟩와 같은 서비스 조작을 호출하는 요구를 마스터 노드에 발송한다. 여기서 클라이언트 c가 o의 조작 실행을 요구하면 타임스탬프 t가 클라이언트 요구를 한 번만 실행한다.

각 복사본 노드가 클라이언트에게 보낸 메시지에는 현재의 보기(View) 번호를 포함하고 있으므로 클라이언트는 현재 마스터 노드

의 번호를 추측하여 계산하기 위해 보기 번호를 추적할 수 있다. 클라이언트는 P2P 메시지를 통해서 그 자신이 추정한 마스터 노드에게 요청을 전송한 다음, 마스터 노드는 모든 복제본 노드에 자동 브로드 캐스트를 진행한다.

보기 번호는 연속된 번호의 정수이다. 마스터 노드는 공식 p=v mod |R|으로 계산해 얻는데, 여기서 v는 보기 번호이고 p는 복사된 번호이며, |R|은 복사본이 집합한 개수이다.

복사본은 클라이언트에게 반응한 〈REPLY,v,t,c,i,r〉에 보내지는데, v는 보기 번호이고, t는 타임스탬프이며, i는 복사된 번호, r은 실행 요구된 결과이다.

마스터 노드는 브로드 캐스트를 통해 모든 복제본 노드에 요청을 전송한 다음, 3단계의 작업을 실행한다.

1. 예비 준비 단계: 마스터 노드는 수신된 요청에 시퀀스 번호 n을 하나 할당한 다음 모든 복제본 노드에 미리 준비된 메시지를 보낸다. 미리 준비된 메시지의 양식은《PRE=PREPARE,v,n,d),m〉이다. 여기서 v는 보기 번호이고, m은 클라이언트가 보낸 요청 메시지이며, d는 요청된 메시지 m의 요약이다.

2. 준비 단계: 복제본 노드 i가 사전 준비된 메시지를 수락하면 준비 단계에 들어간다. 준비와 동시에 이 노드는 모든

복제본 노드로 준비된 메시지 '〈PREPARE,v,n,d,i〉'를 발송한다. 사전 준비 메시지와 준비 메시지를 자신의 메시지 로그(log)에 기록한다.

3. 확인 단계: '(m,v,n,i)' 조건이 참이 될 때, 복사된 i는 〈COMMIT,v,n,D(m),i〉를 다른 복제본 노드에 브로드 캐스트하고 유효성 확인 검증 단계에 들어간다. 모든 복제본은 요청을 실행하고 결과를 클라이언트에게 보낸다. 클라이언트는 복제본 노드가 작업의 최종 결과와 같은 결과를 다시 보낼 때까지 기다린다. 만일 클라이언트가 제한된 시간 내에 회신을 받지 못한다면, 요청은 모든 복제된 노드로 브로드 캐스트를 진행하고, 이 요청이 이미 복제된 노드에서 처리되었다면, 복제본은 클라이언트를 향해 다시 실행 결과를 보낸다. 요청이 복제된 노드에서 처리되지 않는다면, 이 복제 노드는 요청을 마스터 노드로 전달한다. 마스터 노드가 이 요청의 브로드 캐스트를 진행하지 않는다면 마스터 노드가 유효하지 않은 것으로 간주한다. 만일 마스터 노드가 유효하지 않은 것으로 여기는 복제된 노드가 충분하다면 보기가 변경된다.

[그림 2-85]는 복제본 0은 마스터 노드이며, 복제본 3은 유효하지 않은 노드이고, C는 클라이언트인 마스터 노드가 장애가 없는 상황에서 알고리즘의 정상적인 실행 과정을 보여준다.

실용적 비잔틴 결함 허용 메커니즘은 '허가 투표, 소수가 다수에 복종한다'를 적용하여 리더를 선택하고 장부에 기록된 합의 메커니즘을 진행한다.

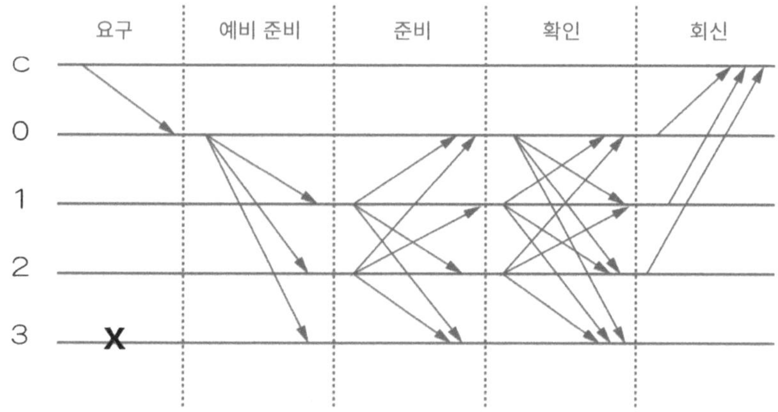

[그림 2-85] 마스터 노드가 유효하지 않은 상황에서 알고리즘의 실행

이 합의 메커니즘은 비잔틴 결함을 허용하고 강력한 규제 노드가 참여하도록 허가한다.

권한 분리 능력을 가지면 성능은 더욱 높아지고 에너지 소비는 더욱 낮아질 뿐만 아니라, 각 장부 기록은 모두 전체 네트워크에서 노드가 공동으로 리더를 선택할 것이고, 허가된 33%의 노드는 나쁘게 작용하여 결함 허용은 33%가 된다. 특별히 컨소시움 블록체인에 적합한 애플리케이션 시나리오는 실용적 비잔틴 결함 허용 메커니즘 및 개선 알고리즘을 현재 가장 많은 컨소시움 블록체인의 합의 알고리즘으로 사용하게 되고, 개선 알고리즘은 다음과 같은 측면에서 조정되었다. 기본 네트워크 위상(토폴로지)의 요청을 수정하고 P2P 네트워크를 사용하면 동적으로 노드 수를 조정할 수 있으며, 협의(프로토콜)에서 사용하는 메시지 수가 줄게 된다.

8) 위임된 비잔틴 결함 허용(delegated Byzantine Fault Tolerance)

2016년 4월, 샤오이 회사는 합의 알고리즘에 대한 백서를 발표했다. 블록체인 시스템에 적용할 수 있는 개선된 바티칸 결함 허용 알고리즘을 제안하였고 공통된 합의 메커니즘을 설명하였다. 위임된 비잔틴 결함 허용(dBFT) 알고리즘은 실용적 비잔틴 결함 허용 알고리즘의 기반에서 다음의 사항을 개선했다.

1. C/S(클라이언트/서버) 구조의 요청 응답 모드를 P2P 네트워크와 접합한 노드 모드로 개선했다.

2. 정적인 합의 참여 노드를 동적으로 출입할 수 있는 합의 참여 노드로 개선했다.

3. 비례적 지분을 기반으로 하는 투표 메커니즘은 합의 참여한 노드의 생산을 위해 설계되었으며, 투표를 통해 합의 참여 노드(장부 기록 노드)가 결정되도록 개선했다.

4. 블록체인에서 디지털 인증서를 도입해서 투표 시 기록 장부 노드에 대한 신뢰성을 인증하는 문제를 개선했다.

- 위임된 비잔틴 결함 허용 메커니즘의 장점: 전문화된 장부 기록인이 어떤 유형의 오류도 허용할 수 있다. 장부 기록은 여러 사람이 협동하여 완성한다. 각 블록은 모두 최종적인 성향이 있어서 나눌 수 없다. 알고리즘의 신뢰성은 엄격한 수학적 증명을 가진다.

- 위임된 비잔틴 결함 허용 메커니즘의 단점: 1/3 및 이상의 장부 기록인이 작업을 멈춘 후에는 시스템이 서비스를 제공할 방법은 없다. 1/3 이상의 장부 기록인이 연합하여 악의적인 행위를 하면 다른 모든 장부 기록인은 두 개의 네트워트로 분리되어 고립되었을 때, 악의적인 장부 기록인이 시스템으로 하여금 포크가 나타나게 할 수 있다. 그러나 암호화 증거는 남는다.

결론적으로, 위임된 비잔틴 결함 허용 메커니즘의 핵심은 최종 시스템을 보장하기 위해 최대화하는 것이다. 이리하여 블록체인은 진정한 금융 애플리케이션 시나리오에 충분히 적용할 수 있게 된다.

9) Paxos 알고리즘

이것은 일종의 전통적인 분산 합의 알고리즘으로 선택된 리더의 합의 방식을 기반으로 한다. 리더 노드는 절대적 권한을 가지고 있어서 강력한 관리 감독 노드가 참여하는 것을 허락하고, 그 성능이 높고 자원 소비가 낮다. 모든 노드는 일반적으로 유선 액서스 메커니즘이 있지만, 선거 과정에서 악의적인 노드는 허용되지 않으며 결함 허용성을 가지고 있지 않다.

블록체인의 글로벌 리더는 누구인가

아주 짧은 시간을 살았지만, 그들은 역사를 만들었다.

BLOCK
CHAIN

블록체인 산업은 21세기 최첨단 유망 산업이 되었다. "국가가 인재를 배출하는데 시대마다 걸출한 인재가 나타나 한 세대의 새로운 바람을 연다."라고 말할 수 있다. 이 문장처럼 우리는 블록체인 산업을 대표하는 인물을 선택해서 그들의 이야기를 하고자 한다.

당연히 인물을 선택하는 문제에 대해 우리는 매우 오랫동안 논의하여 왔다. 무수한 토론을 통해서, 최종적으로 가장 유명하지는 않지만 상대적으로 가장 특색 있는 인물을 선정하여 이 장에 소개하고자 한다.

첫 번째는 의심할 여지도 없는 전설적 인물인 사토시 나카모토(Satoshi Nakamoto)이다. 두 번째는 블록체인 기술의 선구자이자 개척자로서 스마트 계약을 제안한 닉 재보(Nick Szabo), 그리고 나머지 사람은 오피니언 리더로서 〈뉴욕타임스〉에 비트코인 칼럼을 연재한 마크 안드레센(Marc Andereesen)과 월스트리트의 전설적인 여성 블라이스 마스터스(Blyehe Masters)이다. 마지막 사람은 블록체인 산업의 거물인 배리 실버트(Barry Silbert)이다.

영원한 뒷모습: 사토시 나카모토의 99가지 전설

블록체인 산업에서의 전설적인 인물을 말하자면, 이 사람을 말하지 않을 수 없다. 그가 바로 사토시 나카모토로 비트코인의 창시자이다. 블록체인의 핵심 이론은 그가 발명한 것이라고 할 수 있다. 아주 조금 과장하여 비유하자면 신이 세상을 창조할 때, "빛이 있어라!"하여 세상에 빛이 생겨났듯이 컴퓨터 패널을 두드리며 큰소리로 "나타나라, 나의 비트코인이여!"라고 외쳐서 비트코인과 블록체인 기술이 생겨났다고 말할 수 있을 정도이다.

[그림 3-1] 사토시 나카모토(Satoshi Nakamoto)

이 전설적인 인물은 재능이 있을 뿐 아니라 매우 흥미롭다. 신비주의 원칙을 철저하게 고수하여 익명으로 비트코인의 초기 발전을 이끌었다. 그 후 비트코인과 블록체인이 점점 많은 관심을 받게 되자 사토시 나카모토는 완전히 몸을 숨겼다. 자신이 보유하고 있는 10~20억 달러 가치의 비트코인을 사용하지 않고, 특허를 신청하지도 않았으며, 노벨경제학상 후보에 선정되어도 나타나지 않았다.

그러나 그가 누구인지와 관계없이 언제 나타나고 죽었는지 살았는지도 알 수 없었다. 그는 어릴 때 소리쳤던―나는 세상을 바꿀 거야, 나는 세계의 풀리지 않는 미스터리가 될 거야!― 라는 꿈을 실현하였다. 우리는 구체적으로 이 전설적인 인물의 전설적 경력을 구체적으로 말하고자 한다.

[그림 3-2] 노벨경제학상 후보자

사토시 나카모토는 경제학자, 수학자, 암호학자 및 정상급의 해커 등으로 알려지고 있다. 그의 전설의 역사는 2008년 10월 시작되었다. 이때 그는 〈비트코인: 일종의 P2P의 전자 현금 시스템〉이라는 한 편의 논문을 발표한 후, 이론을 실천에 옮겨 2009년 1월 4일 비트코인의 첫 번째 블록인 '제네시스 블록'을 만들었다. 같은 해 1월 11일 그는 비트코인 클라이언트 0.1 버전을 개발하여 각 분야의 사람들을 불러 모았다.

시간이 지나 마침내 비트코인의 첫 거래가 발생했다. 비트코인에 환율이 생겼고, 비트코인 기술 애호가들의 채팅방이 생겨났으며, 비트코인 채굴의 난이도가 조정되었다. 비트코인이 일부 국가에서 법률적 승인을 받게 되면서 비트코인의 시장 가치는 400억 달러(2017년 월 데이터 예측)가 되었다. 당연히 비트코인의 성장 과정 중에도 비트코인이 폭발적으로 상승하기도 하고 폭락하기도 하였으며, 비트코인의 도난, 소송 등의 '부정적 에너지'가 동반되기도 하였다.

아무튼 비트코인의 역사는 매우 다채로웠다. 이에 대해서는 뒤에서 자세히 서술할 것이다.

[그림 3-3] 비트코인의 역사는 다채롭다.

이런 사건 중에서 사토시 나카모토는 어떤 역할을 하였는가? 그는 사건의 중심에 있었다. 그가 사라지고 전 세계에서 그를 본 사람이 없었으며, 그의 목소리를 들은 사람도 없었다. FBI와 전 세계의 매체들이 그를 찾았으나 누구도 찾지 못했다. 2008년 비트코인 창시 초기의 그의 포럼, 이메일, 사이트 메인 페이지의 발언 등을 토대로 추적한 결과 그는 막다른 궁지에 몰리게 되었다.

비트코인의 역사에서 중요한 사건은 '사토시 나카모토'라는 이름으로 인해 발생했다. 어떤 사람들은 그가 일본인이라고 하였고, 또 어떤 사람들은 그가 오스트레일리아인이라고도 하였다. 〈뉴욕 타임스〉가 사토시 나카모토를 찾았다고 공표하기도 하였다. 최근

[그림 3-4] 전 세계가 사토시 나카모토을 찾아 나섰다.

의 오스트레일리아의 기업가인 크레이그 스티븐 라이트가 BBC, 〈이코노믹스〉와 〈GQ〉를 통해서 자신이 비트코인의 창시자인 진짜 사토시 나카모토라고 선포한 것이다. 그는 2009년 1월 발생한 거래를 보여 주고, 비트코인 프로토콜 구축을 도와준 프로그래머 중 한 명인 할 피니에게 10개의 비트코인을 이체하였다. 이것이 비트코인 시스템에서 첫 번째 계좌이체 거래이다.

동시에 그는 영국에 비트코인과 블록체인 기술에 관한 50여 개의 특허를 신청하였다.

마침내 세계의 각 언론 매체는 사토시 나카모토를 찾았다고 판단하고 특집 기사를 보도하였다. 대대적으로 보도된 후 하나의 전환되는 사건이 또 발생하였다. 〈와이어드〉 매거진에 보도된 지 48시간 만에 사토시 나카모토는 메일에서 "나는 크레이그 라이트가 아

[그림 3-5] 사토시 나카모토의 신분으로 의심되다.

닙니다. 우리 개개인이 모두 사토시 나카모토입니다."라고 말하였다.

사실, 자신이 사토시 나카모토라고 증명하는 것은 매우 간단하다. 비트코인의 본질은 분산식 장부로 그것은 고칠 수도 없으며, 훼손할 수도, 영원히 중단되지도 않으며 모든 사람이 찾아볼 수 있는 장부라고 말할 수 있다. 그러면 분산식 장부의 특징을 기반으로 우리는 어떻게 신분을 증명해야 하는가? 먼저 우리는 비트코인 공개 키를 사용하여 외부에 공표하고, 이 공개 키에 대응하는 개인 키가 당신의 소유가 되었다는 것을 선언한다. 그런 다음 개인 키를 사용하여 서명을 하면 자신이 이 주소의 개인 키를 가지고 있다는 것을 확실하게 증명할 수 있다.

사토시 나카모토의 경우, 그는 어떻게 자신이 사토시 나카모토라는 것을 증명할 수 있을까? '제네시스 블록' 안의 개인 키를 사용하여 '제네시스 블록'의 공개 키에 대해 서명하면, '제네시스 블록'의 개인 키는 반드시 비트코인을 발명한 사람이 갖고 있기 때문에 어떤 서명 문서를 임의로 사용하더라도 상관없다.[1]

지금까지 비트코인의 시장가치는 많은 국가의 법정 화폐를 완벽하게 눌렀다. 많은 국가가 비트코인의 법률적 지위를 인정하거나 방관하였고, 블록체인의 응용이 꽃을 피워 금융 기술 분야에서 가장 뜨거운 '투자 가치'를 가지게 되었다. 예측하자면 사토시 나카모토는 약 100만 개의 비트코인을 가지고 있는 동시에 무수한 특허를 보유하고 있어서 인생 성공의 롤모델임에 틀림이 없다. 역사상 개인의 역량으로 새로운 화폐를 만들어 낸 사람은 없는 것이 아니었지만, 성공한 사람은 사토시 나카모토 한 사람이 유일하다.

당연히, 사토시 나카모토가 "우리 개개인이 모두 사토시 나카모토이다."라고 말했듯이 우리 각자는 모두 블록체인 기술의 실행자이자 참여자로서 블록체인 기술에 의해 변화된 세계를 증명하기를 기대한다.

사토시 나카모토는 앞으로도 영원히 하나의 그림자로 남겠지만, 우리는 '각각의 사토시 나카모토'가 창조할 99가지 전설을 기대한다.

---

[1] 사토시 나카모토의 수수께끼와 비트코인 개인 키 서명 기술[EB/OL]. (2016-07-15)[2017-05-18]. http://zhuanlan.zhihu.com/p/21722963.

닉 재보, 자동판매기에서 영감을 얻다

뉴턴은 나무에서 떨어지는 사과를 목격하고 꽉 막혀 있던 의문을 풀어 뉴턴의 운동법칙을 발명하였다. 블록체인 분야에서도 자동판매기에서 영감을 얻어 스마트 계약을 발명한 사람이 있다.

모두가 자동판매기에 대해서 잘 알고 있을 것이다. 이 투박한 기계는 매우 대단하다. 돈을 넣고 버튼을 누르면 원하는 제품이 나온다. 우리는 내재된 작업 메커니즘을 볼 수 없지만 돈을 넣지 않으면 물건을 토해 내지 않는다는 것은 안다.

여기에서 우리의 화제를 전개할 수 있다. 자동판매기의 민감성을 근거로 스마트 계약의 개념을 제기한 사람이 있는데, 그가 바로 닉 재보(Nick Szabo)이다.

[그림 3-6] 닉 재보(Nick Szabo)

그는 컴퓨터 과학자, 암호학자, 법률학자, 스마트 계약 등의 혁신적 개념의 선구자로서 한때는 사토시 나카모토로 의심되기도 했다. 현재 그는 블록체인 기술 회사를 세우기 위해 자금을 모으고 있다.

과학자를 소개하는 가장 과학적인 방법은 그가 발명한 과학을 설명하는 것이다. 우리가 화제를 시작할 때로 돌아가 보면, 닉 재보의 눈에 자동판매기는 다른 매력을 가지고 있었다. 구매자가 자동판매기에 일정한 수량의 화폐를 투입하고 구매할 상품을 선택한다. 이 둘 사이에는 강제로 집행되는 계약이 수립되었다.

구매자가 화폐를 투입하여 제품을 선택하고 판매자는 판매기 내부에 설치된 로직을 통해서 제품과 잔돈을 제공한다.

[그림 3-7] 자동판매기의 로직

만일 우리가 동전을 투입했는데 자동판매기가 상품을 내놓지 않으면 어떤 일이 벌어질까? 우리는 자동판매기가 계약을 준수하지 않는다고 화를 낼 것이고, 어떤 사람은 발로 차기도 할 것이다. 하지만 자동판매기는 죄가 없다. 왜냐하면, 그것은 당신이 투입한 동전을 식별할 수가 없었거나 당신이 가짜 돈을 투입하여 제품을 내놓을 수 없기 때문이다. 이것이 일종의 간소화된 스마트 계약이다.

[그림 3-8] 간편한 스마트 계약

다른 예를 들어 보자. 인터넷에서 물건을 사고 당신이 돈을 지급하였는데 상대가 물건을 보내지 않았을 때, 만일 상대방이 거짓말로 자신은 물건을 보냈다고 한다면 양측은 어떻게 스스로를 증명할 것인가?

알리페이는 제3자가 되어 거래하는 양측에 이런 문제가 존재하지 않도록 보증한다. 당신이 먼저 알리페이에 송금하고 판매자가 물건을 보낸 것을 확인한 후 대금이 결제되면 거래 양측의 권익이 보증된다. 우리는 이를 담보 거래의 모델이라고 일컫는다. 알리페이는 결제 도구이고, 그 배후의 작업 메커니즘은 기본적으로 신뢰를 기반으로 한 스마트 계약의 로직과 같다. 그러나 여기에도 문제가 존재한다. 만약 어느 날 알리페이의 서버가 해커의 침입을 받아 전체가 폐기되고 기록이 존재하지 않게되면 구매자와 판매자는 스스로 증명할 방법이 없다.

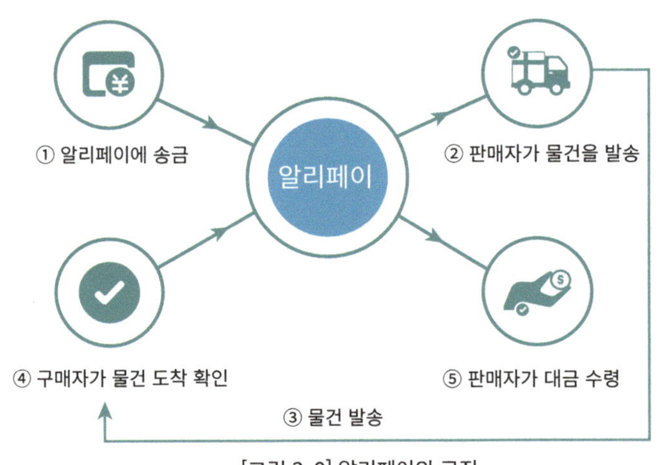

[그림 3-9] 알리페이의 로직

여기에서 우리는 스마트 계약의 의미를 도출할 수 있다. 스마트

계약은 컴퓨터 프로그램이며, 누구나 이용할 수 있는, 어떠한 중개 기관도 필요 없는 탈중앙화 시스템이다. 그것은 몇 가지 조건이 있다.

1. 반드시 화폐 참여가 있어야 한다. 화폐 없는 모든 거래는 무효한 것이고, 법정 화폐든지 암호화된 디지털 화폐든지 상관없다. 결론적으로 화폐가 있어야 한다.

2. 자산이 디지털화되어야 한다. 어떤 차량 한 대를 디지털화한다면? 대답은 자동차를 암호로 잠그는 것이다. 우리가 사용하고 있는 차량은 물리적으로 잠그는 것이어서, 차를 잠글 때는 실제 자동차 키로 잠근다. 어느 날 차의 자물쇠가 암호화된 공개 키로 바뀌었고 개인 키만을 가지고 있는 사람이 차를 열 수 있다고 상상해 보자. 매우 공상 과학적이지 않은가? 그러나 이것은 실현될 수 있다.

3. 자산은 반드시 네트워크에 연결되고, 어떤 데이터베이스라도 절대적으로 신뢰하여야 한다.

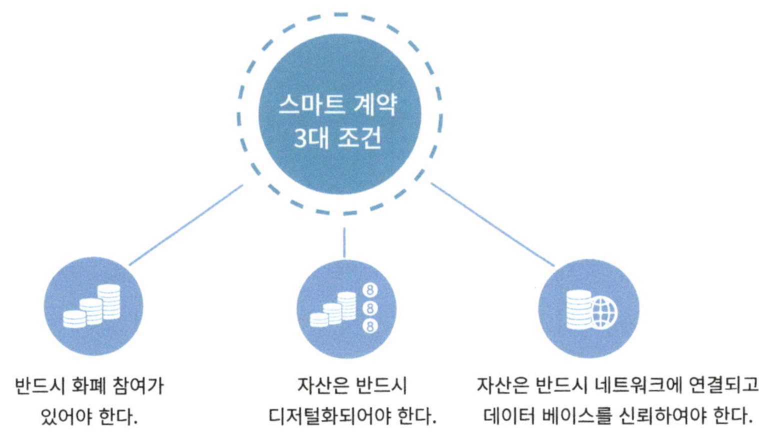

[그림 3-10] 스마트 계약의 특징

본질부터 말하자면, 이 자동 계약의 작업 원리는 컴퓨터 프로그램의 'if-then' 문구와 유사하다. 스마트 계약은 단지 이런 방식과 실제 세계의 자산을 서로 교차하는 것이다. [1]사전에 편집된 조건이 충족될 때, 스마트 계약은 상응하는 계약 조항을 실행한다. 현재 스웨덴 연합은행, 영국 바클레이 은행, 미국의 JP 모건 등 글로벌 금융회사가 스마트 계약을 자동화 거래 결제 등에 활용하는 방식을 연구하고 있다. 이런 방식은 원가를 크게 낮출 수 있을 것이다.

---

[1] 스마트 계약은 우리의 미래에 은행과 변호사가 필요 없게 한다.[EB/OL]. (2016-06-21) [2017-05-18]. http://it.sohu.com/20160621/n455402402.shtml.

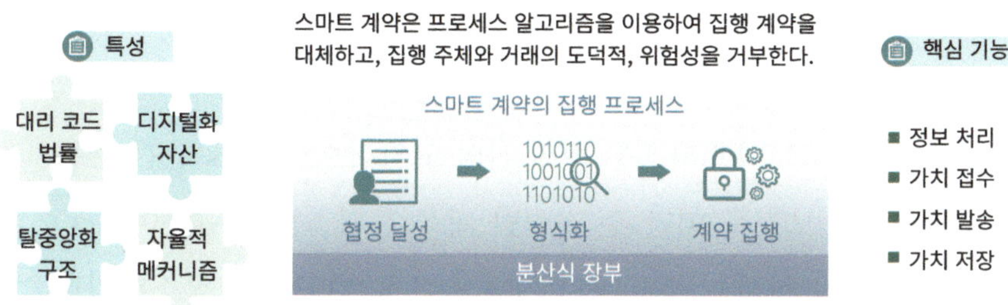

[그림 3-11] 스마트 계약 모델의 구조

이상 세 가지의 조건을 실현할 때, 우리는 스마트 계약이 이미 지금의 알리페이처럼 되었다는 것을 발견할 것이다. 당신이 배후의 기술을 알 필요는 없지만, 그것을 신뢰하고, 그것을 사용하여 거래를 완성하게 될 것이다. 블록체인의 세계에서 스마트 계약은 모든 곳에서 이루어질 것이다.

월스트리트의 블록체인 여성 리더

비트코인과 그 기반이 되는 블록체인 기술은 IT 괴짜들의 숨결과 거만한 기질을 가지고 탄생했다. 따라서 블록체인 산업의 권위자와 리더 중에는 소극적이고 자신을 표현하는 것을 좋아하지 않는 남성이 많다.

그러나 블록체인 스타트업 기업 블록사이퍼(Block Cypher)를 창업해 350만 달러의 자금을 모은 CEO 캐서린 니콜슨(Catheryne Nicholson)과 디지털 애셋 홀딩스(Digital Asset Holdings)의 CEO

인 블라이스 마스터스(Blyehe Masters) 등 몇 명의 여성 리더가 있다.

그중 블라이스 마스터스는 JP 모건의 고위직으로 약 30년간 근무하였으며, JP 모건을 떠난 후 디지털 애셋 홀딩스를 설립하여 CEO가 되었다. 이 회사는 블록체인 기술 응용을 연구하는 월스트리트 마켓의 스타트업 기업이다.

이 회사의 첫 번째 주요 고객은 그녀의 전 고용주였던 JP 모건이다. JP 모건과 디지털 애셋 홀딩스는 협력하여 더욱 빠른 결제 속도를 위해 블록체인 기술을 테스트하고 있다. 그녀는 "우리는 향후 1, 2년 안에 블록체인 기술이 다양한 형태로 비즈니스 환경에 적

[그림 3-12] 캐서린 니콜슨(Catheryne Nicholson)

[그림 3-13] 블록체인의 여성 리더

용될 것으로 기대한다. 그러나 이것은 블록체인 기술이 주류가 되는 것을 의미하지는 않는다. 블록체인 기술이 주류가 되기까지는 5~10년은 걸릴 것이다."라고 말했다.[1]

현재 디지털 애셋 홀딩스는 이미 6,000만 달러의 금융 자산을 보유하고 있다. 마스터스는 월스트리트의 유력 인사이므로, 그녀의 계획은 전통 금융 산업에 블록체인 기술이 긍정적인 영향을 주게될 것이다.

---

[1] 비트코인, 디지털 자산 CEO: 은행은 2년 내 블록체인 기술을 응용할 것이지만 주류가 되는 데는 5~10년이 걸릴 것이다.[EB/OL]. (2016-04-07) [2017-05-18]. http://www.8btc.com/blockchain-in-banks-a-reality.

<뉴욕타임스> 컬럼니스트

1971년, 미국 아이오와주의 작은 마을에서 한 남자 아이가 태어났다. 이 남자 아이가 성장한 후 세계의 바람을 일으킬 인물이 되리라는 것을 누구도 알지 못했다. 그는 9세 때 컴퓨터를 만지기 시작했고, 도서관에서 Basic 언어를 독학하였다. 워렌 버핏과 대립하면서 비트코인이 화성에서 온 기술이라고 말하기도 했다. '인터넷 발명자'로 불리는 이 사람이 네 번째 인물로, <뉴욕타임스>에 비트코인의 칼럼을 기고하는 마크 안드레센(Marc Andreessen)이다.

이 전설적인 인물인 마크 안드레센의 이력을 설명하면, 비록 빌게이츠, 스티브 잡스 같이 특출난 이름은 아니지만, 그의 발자취는 인터넷 발전에 밀접한 관련이 있다.

초기 10여 년 동안, 안드레센은 '넷스케이프'로 제1세대 브라우저의 창업자로 일했다. 1992년 안드레센과 그의 동료들은 이미지 요소가 구현되는 최초의 웹 브라우저인 Mosaic을 만들어 냈다. 1993년 안드레센과 동료들은 넷스케이프 회사를 설립하였다. 1995년 넷스케이프사는 뉴욕 증권거래소에 상장되었고, 시장 가치는 29억 달러에 달했다. 24세의 안드레센 역시 하루아침에 백만장자가 되었다. 그 후 IE 브라우저(마이크로소프트사의 웹 브라우저)의 발전으로 1999년 넷스케이프사는 아메리칸 온라인(American Online)에 매각되어 안드레센의 첫 번째 창업 이력은 끝이 났다.

[그림 3-14] 마크 안드레센(Marc Andreessen)

[그림 3-15] 그는 어렸을 때 독학으로 Basic 언어를 공부했다.

안드레센의 두 번째 창업 경력 역시 인터넷 최첨단 분야로서, 그와 그의 동료들은 'Loudcloud'라는 클라우딩 컴퓨터 회사를 창립하였다. 그러나 2002~2006년 미국은 인터넷 거품이 빠지는 시기로 접어들고 있어서 투자 회사들은 인터넷 기업에 투자를 꺼렸고, 2007년 이 회사는 16억 달러의 가격으로 HP에 매각되었다.

그 후 안드레센은 Facebook 이사회에 들어가서 당시 CEO인 이반 윌리엄스의 자문 역할을 하였고, 2009년 안드레센과 본 호로비치는 안드레센-호로비치 투자회사를 설립했다.

[그림 3-16] 안드레센-호로비치 투자 회사 설립

마크 안드레센과 블록체인의 인연 역시 이 투자 회사와 연관이 있다. 안드레센-호로비치 투자회사는 비트코인 거래 플랫폼인 Coinbase와 비트코인 창업 회사인 21Inc와 블록체인 데이터 거래소인 Trade Block에 투자하였다. 당연히 그는 머지않아 블록체인 분야의 풍운아로서의 실력을 보여 주게 되었다.

블록체인 산업에서 그는 폭발적인 어조와 빈번한 관점을 드러내 이름을 떨쳤다. 매번 그의 발언은 각 매체가 미친 듯이 옮겨 실을 정도였다. 2014년 그는 〈뉴욕타임스〉에 '비트코인은 왜 중요한가?'라는 칼럼을 기고하였다. 그는 여전히 트위터에 자신의 관심인 비트코인과 블록체인 관련 뉴스를 공유하고 있다.

[그림 3-17] 뉴욕타임스 칼럼

[그림 3-18] 워렌 버핏을 반박하다.

2014년, 투자의 대부 워렌 버핏은 투자자에게 비트코인을 멀리하라고 경고하면서 이를 '신기루'라고 하였다. 이에 반해 마크 안드레센은 "늙고 고집스런 사람들은 신기술을 이해하지 못하고 지금까지 일관되게 바보처럼 말하고 있다."라고 대응했다.

이 논쟁을 많은 국가의 매체가 미친 듯이 옮기기 시작했다. 안드레센은 잡지사 인터뷰에서 여전히 "비트코인은 화성에서 온 기술과 같다."라고 일관된 관점을 얘기한다. 동시에 그는 여러 차례 인터뷰에서 적극적으로 비트코인과 그 기반이 되는 블록체인 기술에 대한 생각을 표현했다.

그는 담대하고 매력 있는 오피니언 리더이며, 그가 비트코인 및 블록체인 기술의 대외 보급에 지대한 공헌을 했다고 말할 수 있다.

디지털 화폐 프로젝트의 글로벌 투자가

이어서 우리는 '통찰력이 비범한' 인물을 소개하고자 한다. 전 세계를 다니며 독보적인 기술을 '사고 사고 사는' 사람이 있다. 인터넷에는 어떤 블록체인 기업이 팔렸다, 어떤 비트코인 기업이 인수되었다. 어떤 핀테크 기업이 투자를 받았다 등의 정보가 자주 나오고 있다. 대부분 이런 때 뉴스의 배후에는 모두 한 사람의 그림자가 있다.

그가 바로 배리 실버트(Barry Silbert)로 디지털 커런시 그룹(Digital Currency Group)의 CEO이다. 그의 '구매 리스트'는 전 세계적으로 20여 국가에 분포되어 있고, 투자한 회사는 약 60여 개가 넘는다.

[그림 3-19] 배리 실버트(Barry Silbert)

　배리 실버트가 이끄는 디지털 커런시 그룹은 투자 회사이지 투자 기금이 아니다.

　그는 "디지털 커런시 그룹은 투자 회사를 보유하고 있으며 영구 소유 자본으로 기업을 인수하고 있다. 우리의 목표는 보다 나은 금융 시스템의 발전 속도를 향상시키는 것이다."라고 말한다.[1]

[그림 3-20] 글로벌 투자 분석도

---

[1] 배리 실버트, 디지털 화폐 영역의 투자 전략으로 DCG를 말하다 [EB/OL].(2016-02-01) [2017-05-18]. http://www.okcoin.cn/t-1010622.html.

디지털 커런시 그룹은 블록체인 관련 창업 기업에 집중적으로 투자하고 있다. 초기의 투자 프로젝트에는 Ripple(세계 첫 번째 개방식 결제 네트워크), Coinbase와 BitPay(비트코인 지급 결제 플랫폼)가 포함된다. 동시에 그들은 인도의 Unocoin, 한국의 Korbit, 일본의 BitFlyer, 콜롬비아의 BitPesa, 말레이시아의 BitX 등이 포함된 전 세계의 약 15개 비트코인 거래소에 투자했고, 지원하는 가상 화폐 종류는 40여 종에 달한다. 최근에는 블록체인 기술을 사용하여 글로벌 공급망을 최적화하는 블록체인 회사, Skuchain에 투자했다

배리 실버트는 여전히 일종의 화폐로서 비트코인에 대해 흥미를 느끼는 투자자 중의 하나이다. 영국의 'EU 탈퇴'에 대해 그는 "비트코인이 자산의 안전한 피난처가 될 수 있을 것"이라 언급하였다.

블록체인 기술에 대한 대형 금융회사들의 열정에 대해 그는 다음과 같이 말했다 "우리는 금융기관에서 도입한 블록체인에 대해 매우 흥분하고 있다. 그것이 비트코인의 블록체인이든 아니든 상관없다. 그러나 우리의 열정은 여전히 비트코인이 미래의 글로벌 화폐가 되는 것에 집중하고 있다. 이것이 우리의 비전이다."

배리 실버트는 비트코인과 블록체인 기술의 '충실한 신도'이다. 블록체인 기업에 대한 투자를 통해 그는 자신의 견고한 신념을 실천하고 있다.

[그림 3-21] 비트코인 신도

블록체인은 어느 분야에 응용할 수 있는가

10년을 기다린 끝에
당신과 함께 온갖 아름다운 꽃들을 보았다.

아마도 당신이 블록체인이라는 단어를 처음 접한 것은 비트코인 때문이거나 혹은 어느 핀테크 세미나를 통해서일 것이다. 그러나 당신이 알지 못하는 사이에 블록체인 기술은 오늘날까지 발전해 왔고, 모든 산업과 어느 정도 관계가 있다고 할 수 있다.

우리는 적극적으로 블록체인 기술에 대해 토론하고 블록체인 실험실을 만들고 있다. 우리의 각 전문가는 블록체인 산업의 선구자로서 우리를 새로운 길로 인도해 줄 것이다. 이런 식의 말은 끊임없이 귓가에 맴돌 것이다. 세상에 존재하는 어떤 물건이든지 블록체인과 엮여 있는 관계일 것이다. 이는 흘려듣는 얘기인가? 사실인가?

본문 중에 우리는 몇 가지 비교적 인기 있는 영역과 관련된 사례를 들어서 모두가 '블록체인+'라는 단어를 공유하여 블록체인이 서로 다른 영역에서 어떻게 사용되는지 살펴보도록 하자.

우리는 많은 사실 예시와 산업 전문가의 관점을 인용하여 참고 자료와 증명하는 근거를 들고자 한다.

블록체인+금융

현재, 블록체인은 최첨단 경이로운 기술로서 이미 많은 사람, 기업, 기관이 인정하고 있다. 그러면 블록체인은 처음 어느 분야에서 집단적으로 열기가 고조된 것인가? 바로 금융 산업이다. 아직은 블록체인 기술이 금융 산업 전반에 정착되지는 않았다고 말할 수 있다. 하지만 우리가 확신할 수 있는 것은 갈수록 많은 대형 금융회사가 블록체인 프로젝트의 실험을 진행하면서 점점 성과를 얻고 있다는 것이다. 블록체인은 반드시 전통 금융에 대해 파괴적인 영향력을 끼치게 될 것이다. 심지어 블록체인과 빅데이터, 인공지능과 같은 것도 인터넷 금융 시대의 큰 문을 여는 키가 될 것이라고 예측할 수 있다.

과거 2년 동안 JP 모건, 골드만삭스, 시티뱅크 등을 포함한 20여 개의 글로벌 금융회사들은 이미 블록체인 프로젝트에 10억 달러 이상의 자금을 투입하였다.

전문가의 예측에 의하면, 2017년 블록체인 분야의 투자는 더욱 많아질 것이며 연간 10억 달러를 초과할 것으로 예상된다.

블록체인+은행

대다수 국가의 기존 은행 시스템에서 모든 은행은 중앙의 전자 장부를 통해서 장부를 대조한다. 이는 중앙화된 구조로 중심에 근접한 구조에서는 권한이 더욱 많아지고 저장 데이터양도 더욱 많아진다. 그래서 이러한 중앙화 시스템의 모든 데이터를 정확하게 보호하기 위해 은행은 거대한 운영 원가를 지급해야만 한다.

탈중앙화의 특징에 의거한 블록체인 기술은 은행의 분산식 공개 검색 가능한 네트워크를 만들면 그 안의 모든 거래 데이터는 투명하고 공유된다. 블록체인 기술을 이용하여 분산식 장부 기록을 진

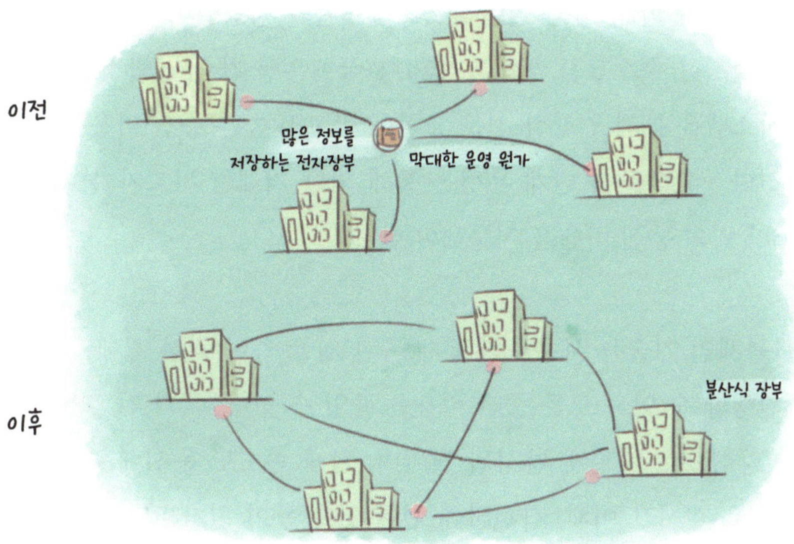

[그림 4-1] 블록체인+은행

행하면 비효율적인 은행 중개를 줄일 수 있고 많은 운영 원가를 절약할 수 있다.

현재 블록체인 기술은 이미 많은 은행의 인가를 받았으며, 각 은행들은 블록체인 연구소를 설립하고 블록체인 기술을 이용할 방법을 연구하고 있다. 스페인의 보고에 따르면, 은행이 블록체인 기술을 사용하면 2022년 이전에 매년 150~220억 달러의 원가 절감이 되고 있다.

블록체인+국가 간 외국환 결제

현재 주류의 전통적인 국가 간 외국환 결제 방식은 전자어음으로, 전자어음의 주기는 일반적으로 3~5일의 영업일이다. 중간 은행이 일정한 수수료를 취하고 SWIFT(국제은행 간 통신협정) 역시 이 시스템을 통해 진행한 전문 교환에 비교적 높은 통신 비용을 들고 있다. 예를 들어 현재 은행을 통해 외환 거래를 하고자 한다면 약 3만 원의 통신 비용을 지불해야 한다.

블록체인 기술을 사용하면 결제 측과 입금 측이 직접 결제, 지불을 진행할 수 있고 모든 중간 비용을 줄일 수 있다. 국가 간 결제는 P2P 방식으로 빠르게 완성될 것이며, 결제 속도도 동시에 진행되어 지급, 실시간 이체, 간편하게 현금 인출 등이 원가 없이 실현할 수 있다. 맥킨지 예측에 따르면, 전 세계적으로 블록체인 기술에 의

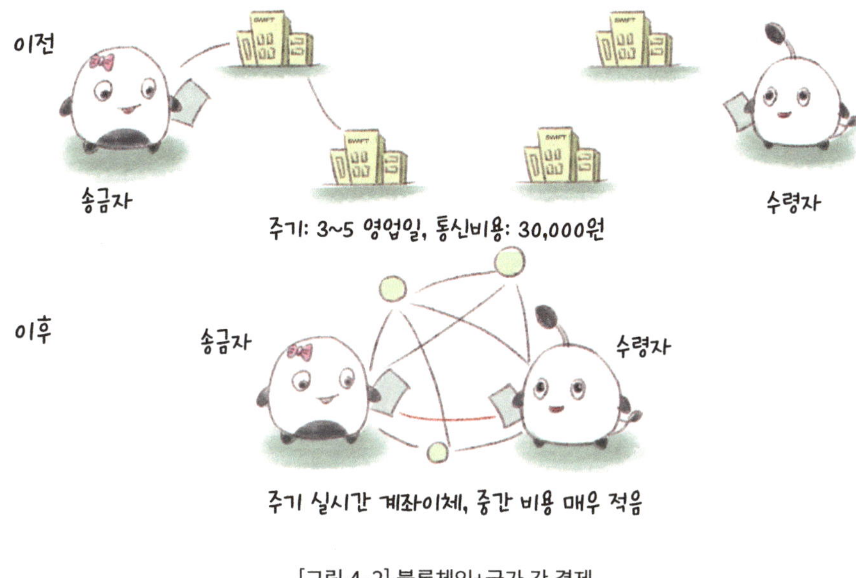

[그림 4-2] 블록체인+국가 간 결제

해 B2B(기업 대 기업)의 국가 간 결제와 지급 업무 등 각 거래의 원가는 26달러에서 15달러로 내려갈 것이라고 한다.

블록체인+공급 체인

공급 체인 금융은 간단히 말해서 은행이 핵심 기업과 기업을 연결하고, 함께 유연하게 운용하는 금융 상품과 서비스를 제공하는 일종의 융자 방식이며, 자금이 공급 체인의 윤활유 역할을 하도록 하여 유동성을 증가시킨다.

현재의 공급 체인 금융 시스템에서 특정한 제품의 공급 체인은 원재료 구매에서 중간 제품 및 최종 제품의 제조까지 포함되며 마지막의 판매 네트워크가 제품을 소비자에게 보내는 것으로 공급상, 제조상, 중간 대리상, 직접 사용자까지 전체를 연결한다.[1]

인위적인 조작은 예측하기 어려운 리스크를 가져온다.

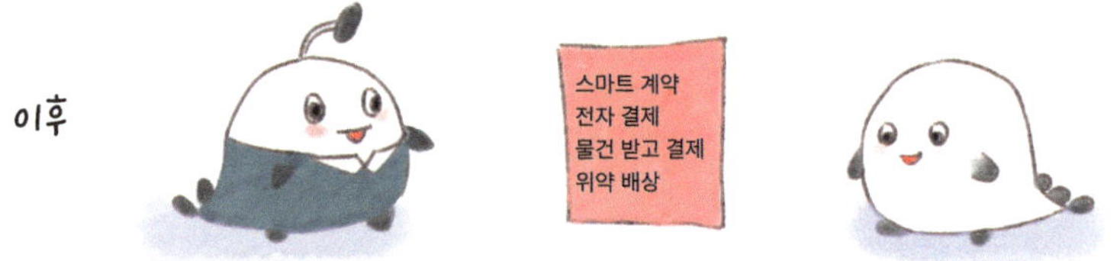

블록체인 스마트 계약은 자동으로 금융 서비스를 완성하고 인위적인 조작의 위험성을 낮춘다.

[그림 4-3] 블록체인+공급체인

---

[1] 공급 체인 금융(Supply Chain Finance) [EB/OL].
　　[2017-05-18].http://www.tceic.com/169959736i85ki3g86i2i522.html.

블록체인 기술은 공개적으로 검색할 수 있는 특징을 가지고 있어 사람의 개입이 크게 줄어들고, 현재 종이 문서 작업의 각종 프로세스가 프로그래밍화, 디지털화 된다. 블록체인 시스템에서는 모든 참여자가 탈중앙화된 장부를 사용하여 문서를 공유할 수 있다. 스마트 계약을 통해 일정 시간과 결과에 도달하면 자동으로 결제를 진행하여 시간의 효율성을 높일 뿐만 아니라, 사람의 착오로 인한 실수를 피할 수 있다. 맥킨지 예측에 따르면, 전 세계적으로 블록체인 기술이 공급 체인 금융 업무에 적용되면 은행은 운영 리스크로 인한 1~16억 달러의 손실을 줄일 수 있다고 한다.

블록체인+정보

일단 은행은 자신의 블록체인을 만들면 왜곡할 수 없는 특징을 가지고 있기 때문에 고객 정보와 거래 기록이 확인된 후에는 어느 누구의 간섭을 받지 않으며 개입할 방법도 없다. 이를 통해 은행은 이상 거래를 식별하고 사기 행위의 발생을 방지하는 데 도움이 된다.

동시에 은행은 블록체인 기술을 이용하여 분산식 장부의 정보 시스템을 만들어서 모든 노드 사용자의 거래 행위를 검사하고 분석하여 일단 이상 행위가 발생되면 시스템이 보고를 해서 효과적으로 사기를 예방하고 자금 세탁 등의 위법 행위 발생을 예방할 수 있다.

분산식 저장은 수정할 수 없고, 추적은 가능하다.

[그림 4-4] 블록체인+정보

블록체인+증권

증권 분야에서 IPO(기업 공개)와 증권 거래는 장시간 제3자의 참여가 필요하며 주식의 발행과 거래는 절차가 길뿐만 아니라 원가도 높다. 블록체인 기술을 이용하면 투자자와 기관이 탈중앙화된 거래 플랫폼에서 자율적으로 IPO, 자유 거래를 완성하고 어떤

한 제3자의 간섭이 필요없으며 24시간 중단 없이 운영할 수 있다.

[그림 4-5] 블록체인+증권

　중권상 및 투자 은행 종사자에 대해 말하자면, 블록체인의 도입은 업무 방향의 전환이 일어나 매도 청구와 자원 획득 능력이 약화되지만, 투자 및 융자 고객에게 전문적인 증권 자문 서비스를 제공하는 능력이 강화된다.

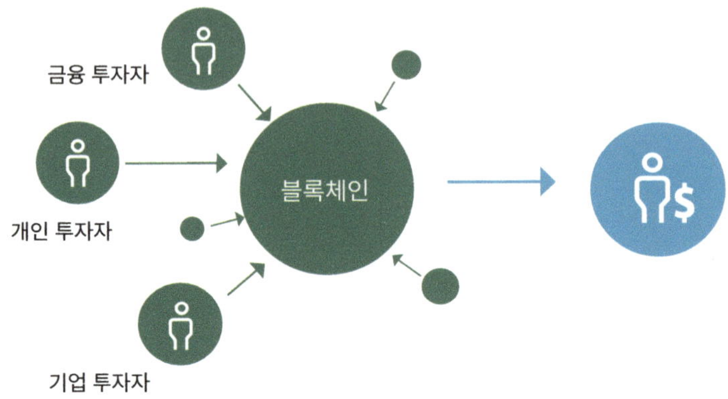

[그림 4-6] 블록체인 주식의 크라우드 펀딩 시장

블록체인+보험

전통적인 보험 산업에서 보험 기관의 핵심 부분은 전면적인 자금의 집결, 투자 및 배상 청구를 책임지므로 운영과 관리 원가가 매우 높아진다.

그러나 블록체인 기술을 이용하면 상호 보험 모델은 현실이 될수 있다. 이는 구체적인 조작 과정이 검사를 필요로 할 때, 참여자가 직접 자금을 환자에게 지급하고 이렇게 하면 제3 기구의 개입을 피할 수 있다. 자금의 집결과 분배의 모든 것이 공개적이고 투명하게 바뀌므로 관리 원가가 낮아질 것이다. 보험 기관에 대해 말하자면, 그들은 보험 자문 회사로 전환되어 직접 부담의 리스크를 피하게 된다.

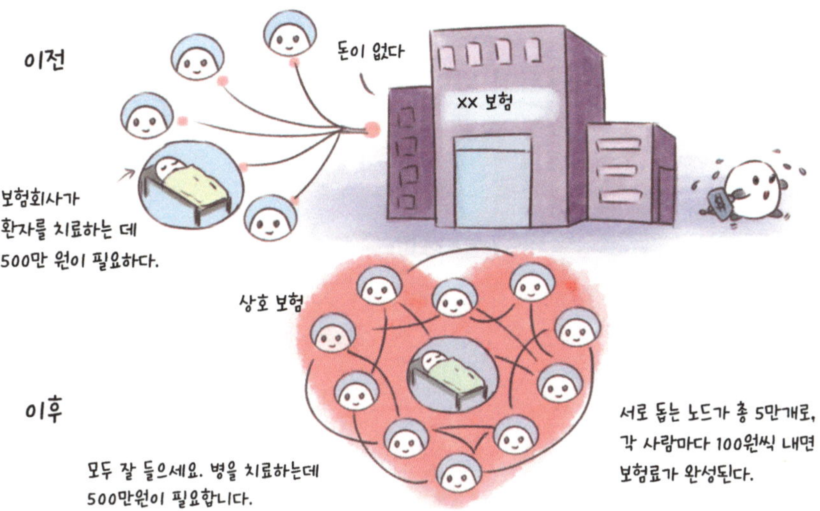

[그림 4-7] 블록체인+보험

사례 1: OKLink

블록체인의 열기가 높아지는 배경에는 세계 각국 정부, 대형 금융회사, 기업 그룹들이 대량의 자원을 블록체인에 투입하여 연구를 진행한 데 있다. OKCoin의 애플리케이션인 OKLink는 블록체인 기술 로 구축한 새로운 세대의 글로벌 금융 네트워크이자 중국 최초의 상업화된 블록체인 응용이다. 이는 글로벌 가치의 전달 효율을 온 힘을 다해 추진하는 동시에 글로벌 환율 사용자의 경험을 향상시켰다. OKLink는 현재 한국, 중국, 일본 및 동남아 국가 등을 포함한 20여 개 국가와 지역에 퍼져 있다.

주요 고객은 글로벌 소형 금융 참여자로 은행, 외환회사, 인터넷 금융 플랫폼 등이 포함되어 있어서 매월 거래액이 수천만 달러에 달한다.

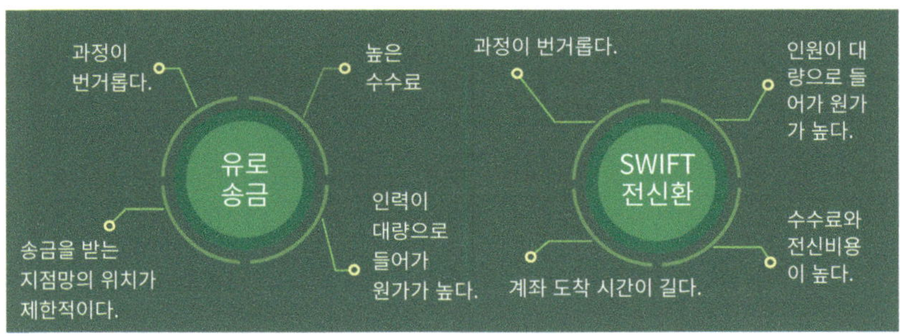

[그림 4-8] 전통적 외환 방식

앞에서 이미 전통적으로 국가 간 외환 거래 방식의 단점을 예를 들어 설명하였다. 기간이 길고 수수료가 높다. 블록체인 기술에 기반한 국가 간 외환 거래인 OKLink는 탈중앙화된 매커니즘을 통해 사용자로 하여금 낮은 비용과 더 빠른 속도로 국경을 초월하는 계좌이체를 완성한다. OKLink는 블록체인을 사용하여 송금 당사자와 수취인이 직접 결제 및 지급을 진행하므로 모든 중간 비용을 줄일 수 있다. 전체 네트워크는 중간 환율을 기준으로 0.5%를 초과하지 않으며, 다른 숨겨진 비용은 없다. 또한, 수취인이 약정된 금액을 받을 수 있도록 보증한다.

OKLink의 제휴사는 포함된 거래에 대해 공개적으로 검색을 진행

[그림 4-9] OKLink의 국가 간 송금 모델

할 수 있으며 모든 거래의 추적이 가능하다. OKLink를 사용한 블록체인 기술은 위조와 왜곡을 할 수 없도록 거래를 보증할 수 있으며, 블록체인이 만든 글로벌 금융 외환 결제 네트워크를 기초로 결제와 실시간 정산을 실현할 수 있어서 국제 소액 외국환 거래는 이메일을 보내는 것처럼 간단하고 빠르다.

사례 2: 자동화 대체 기금(LendingRobot Series)

시애틀에 위치한 P2P 대출 플랫폼 회사인 LendingRobot은 자동화 대체 기금(헤지펀드)인 LendingRobot Series를 공표하였다. 이 기금은 알고리즘을 기반으로 단기 급진적 투자 방안, 단기 보수적 투자 방안, 장기 급진적 투자 방안, 장기 보수적 투자 방안 등 여러 종류의 투자 제안서를 작성했다.

이런 기금의 주요 특징은 자동화 관리이며, 돈과 관련하여 사람들이 안심할 수 있는 자동화 관리는 필연적으로 블록체인의 개념에 달려 있다. 이러한 대체 기금은 매주 상세한 장부를 발표하여 각 거래 금액을 자세히 설명하고 있다. 매주 장부는 하나의 해시값 서명이 있는데 이더리움 블록체인에서 데이터가 어떠한 왜곡도 이루어질 수 없음을 보증함으로써 검증을 얻는다.

LendingRobot의 최고경영자인 임마뉴엘 마롯(Emmanuel Marot)은 다음과 같이 말한다. "모든 투자자는 달걀을 한 바구니에 담지 말라'는 논리를 알고 있다. 그러나 실제는 그렇게 간단한 일이 아니다. 왜냐하면, 투자 방안은 매우 골치를 앓는 복잡한 과정임을 고려해야 할 뿐만 아니라, 투자자가 어느 영역에 대해 매우 잘 이해하고 있는 것을 요구하기 때문이다. 그래서 우리는 LendingRobot 시리즈를 추천한다. 스마트 컨트롤 기술과 블록체인 기술을 통해서 대차 투자를 이해하는 투자자로 하여금 안심하고 우리의 플랫폼에 투자하도록 하기 때문이다."

보통 헤지 펀드의 관리 수수료율은 통상 2%이며, 그 외 20%의 성과 보수를 가져 가지만, LendingRobot은 단지 1%의 자산 관리비와 최고 0.59%를 넘지 않는 기금 운용비용을 가져갈 뿐 어떠한 성과 보수도 받지 않는다.[①]

[①] LendingRobot launches automated hedge fund secured by blockchain tech[EB/OL]. (2017-01-26) [2017-05-18].http://venturebeat.com/2017/01/26/lendingrobot-launches-automated-hedge-fund-secured-by-blockchain-tech/.

블록체인+인터넷 관리

블록체인 기술은 인터넷 안전관리 및 인증 분야에서도 매우 큰 장점을 가지고 있으며 소셜 네트워크, 신분증, 학력 검증 등 여러 분야에서 빈번하게 사용되고 있다. 이 장에서 우리는 비교적 구체적인 분야인 신분증에 대해 말하고자 한다.

블록체인이 신분증을 만나게 되면 어떻게 화학 반응이 발생할 것인가? 만일 블록체인 새 신분증이 있다면 어떻게 생길 것인가? 아래에 우리는 신기한 명사인 '분산식 스마트 신분 인증 시스템'을 연구할 예정인데, 이것이 바로 블록체인 세계의 '신분증'이다.

신분증은 신기한 물건이다. 평소에는 눈에 잘 보이지 않지만 그것을 벗어나서는 몇 걸음 걷기가 어렵다. 신분증은 신분을 가지고 있는 사람을 증명하는 데 사용하는 증거로 삶의 곳곳에서 사용된다. 일단 분실하거나 가져오는 것을 잊어버리거나 도난당하게 되면 직·간접적인 재앙이라 할 수 있다.

만일 신분증이 유발하는 각종 문제를 걱정한다면 블록체인 기술을 기반으로 하는 스마트 신분 인증 시스템이 아마 곤란함을 해소하는 데 도움이 될 것이다. 블록체인 신분증은 여권 사진, 온라인 프로필 사진, 이름 아래 수정할 수 없는 암호 생성일 및 암호 키 식별 등을 보여 줄 것이다.

또한, 이 신분증에는 서명란, QR 코드, 거래 번호 및 해시 알고리즘 증명 등이 내재되어 있다.

[그림 4-10] 신분증으로 인해 발생하는 문제

아래에 블록체인 신분증을 만들고 사용하는 절차는 상세히 소개하는데, 대체로 3단계로 나눌 수 있다.

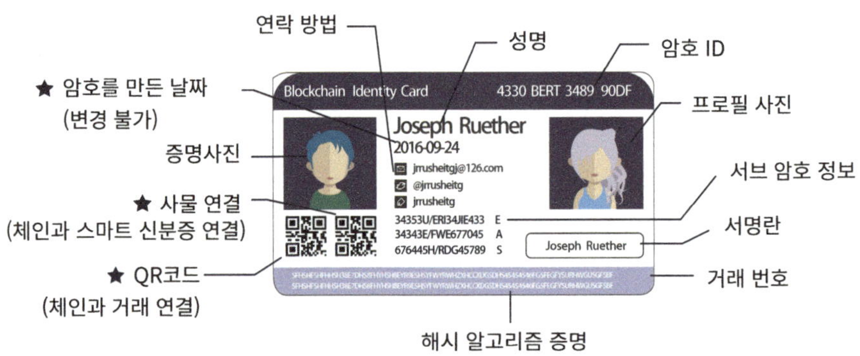

[그림 4-11] 블록체인 신분증

1. 독특한 이름을 선택한다.

   다른 사람이 당신의 블록체인 ID를 찾을 수 있지만, 당신의 암호를 잘 보존하면 아무도 당신의 이름을 탈취할 수 없다.

2. 당신의 개인 파일을 만들고 확인한다.

   당신의 블록체인 신분증과 소셜 네트워크를 연결하여 당신 본인의 블록체인 신분증을 증명하고 당신 개인 정보를 확인한다.

3. 당신의 블록체인 신분증 사용을 시작한다.

[그림 4-12] 블록체인 신분증 생성

당신의 블록체인 신분증을 당신의 홈페이지, 소셜 네트워크 및 명함에 공유해서 사람들이 쉽게 인터넷에서 당신을 찾을 수 있게 한다.

블록체인 신분증은 2가지 우수성이 있다. 안전하고 빠르게 정보 분실 문제를 해결하고, 영원히 분실이나 왜곡할 수 없다.

[그림 4-13] 블록체인 신분증의 우수성

만일 사람마다 하나의 블록체인 신분증이 있다면 각 사람 모두 완벽하고 독특한 인증 방법으로 평생토록 모든 거래를 영구적으로 기록할 수 있다. 앞으로 블록체인 신분증이 당신의 모든 정보를 연결하고 당신의 모든 신분 식별 도구를 대체할 가능성이 있다.

만일 어느 날, 당신이 블록체인 신분증을 가지고 있다면 어떠한

조작을 진행하든 간에 개인 계좌에 들어가려면 암호 키를 제공하여야 하므로 반드시 암호 키 보관을 잘해야 한다. 유일한 암호 키는 오직 당신 자신만이 알고 있어야 하므로, 반드시 백업을 가지고 있어야 한다.

[그림 4-14] 일생을 기록하는 블록체인 신분증

그때가 되면, 심지어 홍채 인식 등 생체 인식 기술도 근본적으로 사용할 수 없게 되어서 결국 해커가 시스템을 공격하려면 먼저 해야만 하는 것이 침입하는 것이며, 그 후에야 비로소 왜곡을 진행할 수 있다.

그러나 블록체인 시스템에서는 로그인하는 동작 역시 '거래 행위'이다.

만일 누군가 남의 이름을 사칭하는 방식으로 이미 블록체인 기술을 적용한 시스템에 로그인하려 한다면 1,000억대의 컴퓨터에 왜곡된 체인을 등록해야 하는 것과 같아서 거의 성공할 가능성이 없다. 만일 진짜로 그런 날이 온다면 지문 혹은 홍채 스캐닝 같은 종류의 기술은 필요 없게 될 것이다.

사례 1: 홀버튼 소프트웨어 엔지니어링 스쿨 (Holberton School of Software Engineering)

2015년 10월 미국 샌프란시스코의 홀버튼 소프트웨어 엔지니어링 스쿨은 블록체인을 이용하여 학생의 학업 성취도 상황을 기록하겠다고 선포하여 세계에서 최초로 블록체인을 이용하여 학력 증서를 인증하는 학교가 되었다.

홀버튼 스쿨의 공동 창업자인 실베인 칼라치(Sylvain Kalache)는 회사에서 직원을 채용할 때 학력의 진위를 판별하는데 어려움을 겪고 있기 때문에 블록체인 기술을 사용하여 학생의 학위를 인증한다고 말했다.

칼라치는 "고용주에 대해 말하자면 그들은 대학에 전화를 하거나 제3 기관을 찾아서 구직자의 학력을 확인하는 데 많은 시간을 소비하려고 하지 않는다. 동시에 블록체인은 학교의 많은 인력과 재력을 절약하는 데 도움을 주고 데이터베이스를 구축하는 번거로움을 줄였다."라고 말했다. 또한, 칼리치는 "우리의 학생은 매우 기쁘게 그들의 학위증이 충분히 인증을 받을 수 있다는 것을 보았

으며, 동시에 이 기술 발전의 잠재력을 보았다. 현재 이미 많은 회사가 블록체인을 개발하는 데 투자하고 있으며, 학생들은 자신의 학교가 처음으로 이렇게 실행했다는 것을 매우 자랑스러워한다."라고 말했다.[1]

사례 2: 캐나다 신분 인증 및 비자 서비스 회사, SecureKey

캐나다의 신분 인증·비자 서비스 회사인 SecureKey와 캐나다 디지털 신분검증위원회는 미국 국토안전국 산하 연구센터의 후원으로 블록체인 디지털 신분 네트워크를 공동 개발하고 있다.

SecureKey는 '삼맹(triple blind)'이라 불리는 비밀 프로그램을 개발하고 있다. 이 프로그램을 세팅한 후에 만일 어떤 사람이 계좌 비밀번호를 입력하여 은행 시스템에 로그인한다면, 은행 측은 이 데이터의 방향을 볼 수 없고, 데이터 접수 측도 이 데이터가 어느 은행 혹은 어느 계좌에서 오는지 알 수가 없다. 그래서 SecureKey는 전체 과정에 대해서 '실명'이라고 하고 이것을 '삼맹'이라고 불렀다.

인터뷰 중 SecureKey 수석 신분관 안드레 보이센(Andre Boysen)은 "오늘날 세계는 회사마다 디지털 신분 시스템의 실현을 단일 회사에서 구축과 운영할 수 없을 것이며, 고객 신분의 디지털화를 실

---

[1] Holberton School Begins Tracking Student Academic Credentials on the Bitcoinblockchain [EB/OL]. (2016–05–18) [2017–05–18].https://bitcoinmagazine.com/articles/holberton-school-begins-tracking-student-academic-credentials-on-the-bitcoin-blockchain-1463605176/.

현하기 위해서는 한 도시의 인구만큼 많은 인력이 투입되어야 가능할 것”이라고 말했다.

오늘날 기술이 비약적으로 발전하고 있는 상황에서 사람들은 개인 신분을 검증하는데 반드시 신뢰할 만한 기술을 찾아서 신분 도난 문제 발생을 방지해야 한다. SecureKey와 캐나다 디지털 신분검증위원회는 그러한 기술을 개발하기 위해 노력하고 있다.[1]

블록체인+에너지

우리들이 에너지 분야의 비즈니스를 말할 때, 블록체인이라는 용어는 끊임없이 제기되어 왔다. 바람이 통하는 곳에서 블록체인은 에너지 분야에서 상상력으로 가득 차 있으며 ‘인터넷+’와 스마트 에너지의 발전 추세와 흐름을 이끌고 있다. 이 장에서 우리는 《에너지와 인터넷 응용에서의 블록체인 전망》을 부분적으로 살펴보고 간단히 설명하고자 한다. 에너지 분야에 있어서 블록체인의 주요 용도는 전력, 생태 시스템과 에너지 스마트화 컨트롤이 있다.

---

[1] Canada's SecureKey to Build a Blockchain Digital Identity Network with US Grant[EB/OL]. (2017-02-15) [2017-05-18].https://www.cryptocoinsnews.com/canadas-securekey-to-build-blockchain-digital-identity-network-with-us-grant/.

전력

블록체인의 중요한 특징 중 하나는 데이터의 왜곡 불가성이다. 블록체인이 전력 영역의 응용에서 이러한 특징과 갈라놓을 수 없다는 것이다. 블록체인 기술을 사용하면 모든 전기의 '과거와 현재'를 블록체인 네트워크에 기록할 것이다. 어느 정도의 전기가 특정 연도 특정 월에 특정 전력발전소에서 생산되어 특정 선로를 통해 우리 집까지 전송되었으며, 우리는 몇 시간 동안 형광등을 사용한 후에 이 전기가 모두 소비한다고 기록된다.

[그림 4-15] 블록체인+전력

미래에 '블록체인+전력'은 아래의 몇 가지 발전 방향으로 흐를 것이다.

1. 전기의 절도와 누전이 발생한 흔적을 추적할 수 있다. 모든 행위가 수정할 수 없는 장부에 기록되기 때문에 무에서 유를 만들어 내거나 갑자기 소실되는 것 등은 이상 상황으로 처리된다.

2. 이웃과 거래하여 쓰고 남은 전기, 현재 우리의 전력 시스템은 이미 어느 정도 스마트화 과정 중에 있는데, 전기를 구매하는 것부터 모든 과정이 스마트화된 계량기를 통해 완성된다. 탈중앙화된 블록체인 기술을 사용하면 당신과 당신의 이웃은 남은 전기를 거래할 수 있다. 미래에 우리는 각 전기에 대해 디지털 맵핑 관계를 구축할 수 있을 것이다. 예를 들면, 당신의 집에 태양광 발전기를 설치하면 매일 1kWh의 전기를 생산해 낼 수 있다. 그중 당신이 0.5kWh의 전기를 사용하게 되면 나머지 0.5kWh의 전기는 전체 네트워크에 수집되어, 이웃이 전기를 사용하고 싶을 때 당신과 직접 거래를 선택할 수 있다. 블록체인은 분산된 에너지 공유를 가능하게 한다.

생태 시스템

블록체인, 사물인터넷, 빅데이터 3가지의 결합은 에너지 생태 시스템의 '유토피아'를 창조할 수 있다. 간단한 예를 들면, 미래의 어

느 날 당신이 이 세 가지의 기술을 응용하여 에너지 생태 시스템을 세운 후에 설비 공급 업체, 전문 운송 서비스업자, 설비를 사용하는 사업주 및 금전 유통을 책임지고 견적을 결제하는 금융회사를 이 시스템에 포함시켜 테스트를 한다고 가정하자. 이 시스템의 어느 한 측이 이 시스템의 쿼리 암호를 얻을 수 있으며, 이 암호를 사용하여 시스템에 접속한 후 임의의 질의(쿼리)를 하게 되면, 이 시스템의 나머지 측들 혹은 모든 참여자가 일종의 상호 모니터링, 상호 신뢰의 관계를 형성하게 된다.

시스템은 빅데이터 분석을 기반으로 사업주에게 가장 적합한 프로그램을 직접 계산할 수 있으며, 금융회사를 통한 스마트 계약에 의해 구매 또는 유지 관리 작업을 완료할 수 있다.

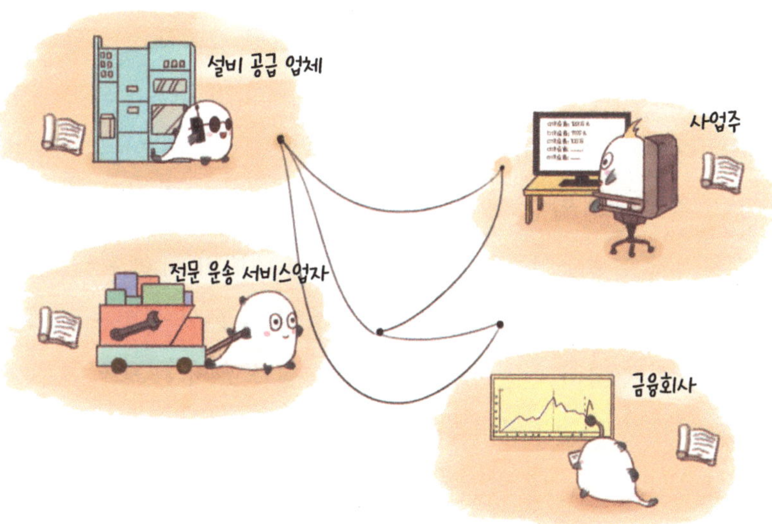

[그림 4-16] 서로 신뢰할 수 있는 생태 시스템

[그림 4-17] 에너지 스마트화 컨트롤

에너지 스마트화 컨트롤

미래에는 블록체인 기술을 통해서 에너지 스마트화 컨트롤을 실현할 수 있으며, 스마트 설비와 인터넷 정보를 블록체인을 통해 함께 연결할 수 있다. 상상해 보라. 어느 도시의 카메라가 외곽 지역의 어느 전기 송출 설비가 갑작스런 이상으로 단전이 되는 것을 잡아내고, 경보기의 알람과 같은 관련 노드들이 피드백한 정보 또는 어느 지역의 형광등이 갑자기 꺼지는 등의 대비와 사실 확인, 확인 후의 정보는 유지 관리 본부로 직접 전송되고, 본사 설비는 스마트 계약의 규칙에 따라 현장 유지 관리에 적절한 유지 관리 설비를 자동으로 보내도록 설정한다. 스마트화 컨트롤의 시대는 우리의 생활을 보다 편리하고 안전하게 바꿀 것이다.

사례 1: 에너지 전송 프로젝트 TransActive Grid

뉴욕의 블록체인 창업 기업인 LO3는 Ethereum에 기반한 에너지 전송 프로젝트인 TransActive Guid를 과학 기술의 선도 기업인 지멘스와 서로 협력하여 진행하였다. 이 프로젝트에 참여하는 고객은 남은 전력을 다른 사람에게 팔 수 있다.

LO3 회사는 이미 탈중앙화 에너지 전송 특허를 미국 특허청으로부터 취득하고 있었다.

지멘스 에너지 관리부 CEO인 랄프 크리스티안(Ralf Christian)은 "우리는 우리의 나노 전력망 제어와 자동화 솔루션이 협력사인 LO3 회사의 블록체인 기술과 다시 결합하여 우리의 공용 사업 영역의 고객을 위해 더 많은 부가가치를 제공할 것이라고 믿는다."라고 말했다.

두 회사는 앞으로 나노형 전력망이 세계 각지로 확대되기를 희망하면서[①] 뉴욕과 세계 다른 지역에서 블록체인에 의해 제어되는 나노형 전력망을 테스트할 것이라고 말했다.

사례 2: 에너지 블록체인 실험실

2016년 5월 15일, 세계에서 처음으로 에너지 블록체인 실험실이 공식적으로 설립되었다. 에너지 블록체인 실험실은 4명의 공동 창업자

---

① Tech Giant Siemens is Now Working on BlockchainMicrogrids[EB/OL]. (2016–11–22) [2017–05–18].http://www.coindesk.com/siemens-blockchain-microgrid-lo3-ethereum/.

[그림 4-18] 에너지 블록체인 실험실의 목표

가 설립하였다. 이 실험실의 주요 업무는 독립적인 블록체인 플랫폼을 연구 개발하고, 에너지 금융 상품의 개발·검토·등록·거래를 위한 전체 프로세스의 협업 도구를 제공하는 것이다.

실험실의 창업자 중의 한 사람으로 신다증권의 에너지 인터넷 수석 연구원인 챠오인은 티타늄 미디어(Titanium Media)와의 인터뷰에서 다음과 같이 말했다.

"미래의 저장 에너지는 저장 에너지의 공유 경제를 기본으로 할 것이다. 저장 에너지의 이용률은 단일 기업이 구매하는 저장 에너지의 이용률이다. 실제로는 저장 에너지를 하루 24시간 모두 사용할 수 없기 때문에 이용률이 매우 낮지만, 블록체인 기술을 사용하면 저장 에너지는 마치 우버 택시와 같을 것이다. 주변의 고객이 사

용권을 함께 나누는 것을 통해서 어느 고객 이름의 저장 에너지를 사용한 후 저장 에너지의 수익을 기준으로 저장 에너지를 소유한 사람에게 사용료를 지급한다."[1]

블록체인+정부[2]

블록체인은 탈중앙화, 왜곡 불가, 신뢰성, 추적 가능성 등의 특징을 가지고 있다. 그래서 '블록체인+정부' 역시 새로운 시대의 변화 국면을 맞이하고 있다.

기초 정보 보호

오늘날 정부의 정보 시스템에 적용된 유형은 어떤 것인가? 각 부처의 정보는 모두 주관 부서까지 보고되고, 주관 부서는 각 산하 부처들의 정보를 조정할 권리를 가지고 있다. 이런 유형에서 해커가 만약 정부의 정보 시스템을 공격하고자 한다면, 중앙 루트를 뚫기만 하면 된다. 일단 해커가 공격에 성공하면 중앙 루트를 통해 저장된 정보가 모두 유출되거나 파괴되어 손실되거나 심지어 악의적으로 왜곡될 가능성이 있다.

블록체인 기술이 정부 시스템에 적용되면, 시스템의 안정성이 크게 향상된다. 이렇게 모든 정부 정보는 분산식으로 저장된 각 노드

---

[1] 全球首个能源区块链实验室成立[EB/OL]. (2016-05-18) [2017-05-18]. http://news.bjx.com.cn/html/20160518/734100.shtml.

[2] <정부의 블록체인 응용과 이해>[EB/OL]. (2016-08-17) [2017-05-18]. http://guba.eastmoney.com/news,cjpl,534320286.html.

위에 각 부서가 모두 하나의 장부를 가지고 있을 뿐만 아니라, 이 장부가 해시의 암호 설정을 통해서 왜곡 불가하며 유출할 수 없다.

해커가 단일 노드를 공격하는 데 성공한다 하더라도 다른 노드가 모두 완벽하게 같은 장부를 보존하고 있으므로 정보가 유실되거나 전체 시스템 운영에 영향을 줄 수 없다. 블록체인 시스템에서는 특정 노드의 데이터를 수정하는 것은 소용없으며 전체 네트워크의 승인을 얻을 수도 없다.

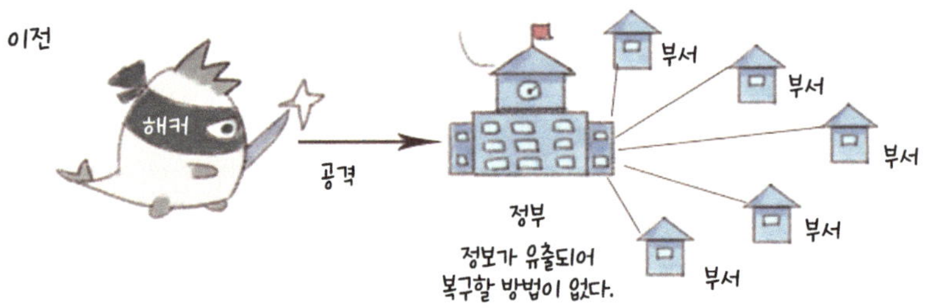

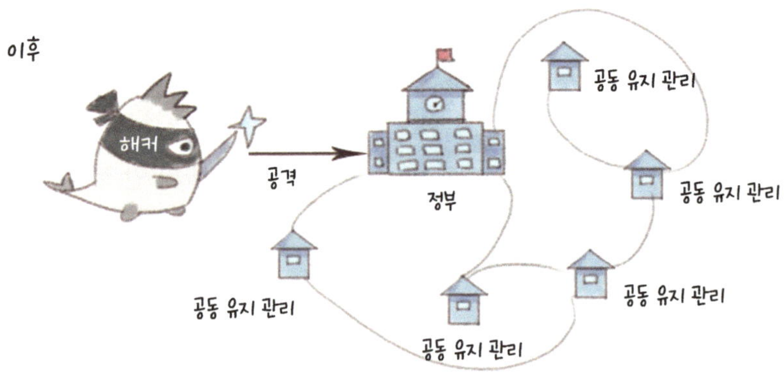

[그림 4-19] 블록체인+기초 정보 보호

국민의 신분 인정

국민의 신분 인증은 정부의 업무에서 중요한 구성 부분이다. 그러나 대량의 국민 신분 인증 작업은 많은 인력과 원가를 소비하여야 한다. 블록체인 기술을 응용하면 각 사람의 일생에 사용되는 모든 정보를 자신의 '주소'에 저장하여 언제든지 사용할 수 있다.

그뿐만 아니라 블록체인 정보의 왜곡 불가성 때문에 사람들도 자신이 가져온 증명이 효력이 없는 것인지에 대해 걱정할 필요가 없다. 블록체인 기술을 기초로 전 국민의 인증된 국민 정보 인증 시스템에서 효과적으로 사회 자원의 낭비를 줄일 수 있을 뿐 아니라, 최대로 가능한 정보의 신뢰성을 보장할 수 있다.

[그림 4-20] 블록체인+신분 인정

정부 정보 공개

오늘날 세계의 정부 정보는 완벽하게 투명하다고 말할 수 없다. 우리는 단지 법령의 시행 결과를 볼 수 있지만 그 형성 과정을 알 수 없기 때문에 법령상 문제가 발생하여 책임 추궁이 필요한 경우에 종종 '희생양'이 될 인물을 세워야 할 때도 있다.

이전

이후

[그림 4-21] 블록체인+정부 정보 공개

블록체인 기술을 응용하면 정부의 정책 추진은 더욱 투명해질 수 있다. 정책 시행은 외부 세력의 간섭에 영향을 받지 않게 되고 정책의 추적성(traceability)에 의해 정책 결정 참여자가 더욱 신중하게 된다.

이전

이후

[그림 4-22] 블록체인+정부 세수 모니터링

정부 세수 모니터링

세금 탈루는 세계 모든 국가에서 중요한 문제이다. 일부 기업이나 개인은 장부를 위조하는 방식으로 탈세를 한다. 블록체인 기술을 응용하면, 회사가 설립된 초기부터 분산식 장부 데이터베이스를 구축하면, 장부에 회사 설립과 운영 과정 중에 발생하는 모든 자금의 흐름이 나타날 뿐 아니라, 다른 회사와의 스마트 계약을 통한 분산식 데이터베이스를 서로 검증할 수 있다. 각 장부는 모두 왜곡 불가하고 자원의 추적이 가능하므로 효과적으로 탈세 탈루의 행위를 근절할 수 있을 뿐 아니라, 일단 탈세 탈루 행위가 발견되어도 블록체인에 영원히 기록되기 때문에 지울 수 없다.

프로젝트 공개 입찰

정부 프로젝트 입찰에서 줄곧 관계가 있는 사람에게 낙찰되는 현상이 존재해 왔다. 이는 예산 요구를 충족하는 전제로 한 프로젝트 실행이 입찰 기업과 정부 관계의 좋고 나쁨에 따라 결정되기 때문이다. 기업은 입찰 후 결과를 기다릴 수 밖에 없으며, 자신이 입찰에서 왜 떨어졌는지 알지 못한다. 낙찰자가 자신이 아닌 경우 입찰 제안서는 다른 입찰에 사용될 수도 있지만, 이때 기업은 자신을 위로하는 일밖에 할 수 없다. 블록체인 기술을 응용하면, 모든 입찰 정보가 투명화되어 권한 있는 사람이 관련 기록을 찾을 수 있고, 어느 정도에서 부패를 막을 수 있다.

[그림 4-23] 블록체인+프로젝트 공개 입찰

만일 부패에 대한 기록이 상사가 언제든지 읽을 수 있는 '노트'에 영원히 보존된다면 아마도 노골적으로 부패한 사람이 이토록 많지 않을 것이다.

자금 지원 모니터링

많은 사람이 자선 사업에 참여하고 싶어하지만 공익기관을 신뢰하지 못하고 있다. 자선 기관의 부패 사건, 공적 자금의 유용 사건, 사기 사건 등이 자주 발생하고 있어 공익기관의 신뢰는 점점 낮아지고 있다.

[그림 4-24] 블록체인+구호자금 모니터링

그뿐만 아니라, 어떤 때에 우리들의 부적절한 관심이 사회의 부담이 될 수도 있다. 예를 들면 낡은 옷을 인터넷에서 검색한 구호 센터에 기증하지만, 실제로 이 구호 센터에는 이미 기증받은 헌 옷이 많이 쌓여 있으며, 반면에 어떤 구호 센터는 한 건도 없는 경우가 있다.

블록체인 기술을 사용하면 실시간 개인 구호의 흐름을 모니터링할 수 있다. 예를 들어 당신이 어린이날 자선 기관에 10만 원을 기증했다고 하면 블록체인에 기록되어 이 10만 원이 많은 경로를 통해서 마지막으로 아동센터의 과일 접시에 몇 개의 포도알로 올려지게 되는 것을 볼 수 있다. 당신의 관심은 투명하게 확인되는 기부금을 통해 높아질 것이다.

인터넷 복권 발행

중국에서 한때 인터넷 복권이 성행하다가 갑자기 중단된 근본 원인은 가짜를 만들어 내는 사람들이 있었기 때문이다. 가짜 복권을 만드는 구체적인 과정은 다음과 같다. 당신이 복권을 인터넷으로 구매하면 판매상들은 진짜 복권을 사기 위해 복권센터에 가지 않고, 대신 작은 게임 센터로 변모한다. 만일 당신이 10만 원에 당첨되면 당첨금으로 10만 원을 이체해서 당신에게 주고, 만약 당신이 당첨되지 않으면 당신이 투자한 1,000원은 판매상의 소유가 된다.

[그림 4-25] 블록체인+복권 인터넷 발행

이런 방식으로 불법적인 판매상이 돈을 벌고 있다. 그러나 만일 당신이 2억 원에 당첨되면 판매상은 돈을 이체할 수 없어서 도망치는 수밖에 없게 된다.

블록체인 기술로 체결한 스마트 계약은 위조 인터넷 복권의 유통 문제를 해결할 수 있다. 각 구매 행위가 모두 공개적으로 조사되기 때문에 복권에 당첨되면 스마트 계약에 의해 구매자의 계좌로 자동 이체된다.

사례 1: 에스토니아 정부의 '전자 국민' 계획

에스토니아 정부는 전 세계인을 대상으로 에스토니아 관할 범위 내에서 인터넷 거래의 확산을 지원하기 위해 디지털 신분증 발행을 계획하고 있다. 에스토니아의 '전자 시민증'을 가진 외국인은 에스토니아의 실제 거주권을 획득할 수 없지만, 인터넷으로 에스토니아인과 무역 거래를 할 수 있다.

'전자 시민'은 온라인 인증서, 계약서 및 문서에 대해 디지털 서명, 검증과 암호화를 할 수 있다. 계좌가 개설되면, 에스토니아의 '전자 시민'은 전자 은행의 은행 계좌를 통해 세계의 모든 국가로 송금할 수 있다.[1]

---

[1] Estonian Government Partners with Bitnation to Offer Blockchain Notarization Services to e-Residents[EB/OL]. (2015–11–30) [2017–05–18].https://bitcoinmagazine.com/articles/estonian-government-partners-with-bitnation-to-offer-blockchain-notarization-services-to-e-residents-1448915243/.

사례 2: Follow My Vote 투표 시스템

Follow My Vote 회사는 블록체인 기술을 이용하여 개방되고, 감시가 가능하며, 안정성이 높은 End to End 투표 시스템을 만들어 투표 과정 중 발견되는 보완의 취약점을 방지하고자 노력했다.

유권자는 투표소 앞에 줄을 서서 투표를 기다릴 필요가 없고, 집에서 인터넷 카메라 렌즈와 정부에서 발행한 신분증을 사용하기만 하면 투표를 완료할 수 있다. 블록체인의 감사 특성은 모든 유권자들이 실시간으로 상황을 볼 수 있도록 보증하고, 블록체인의 분산식 장부는 각 투표 모두 익명과 왜곡할 수 없음을 보증했다. 이외에 각 유권자는 그들의 개인 키와 투표 신분증을 통해서 그들 자신의 투표를 어느 때든 수정할 수 있다.

Follow My Vote 회사의 공동 창업자 겸 최고기술책임자(CTO)인 나탄 호트(Nathan Hourt)는 페이퍼 투표 시스템이 실용적이지 못하다고 생각하고 있다. 투표 개표수 통계가 어려운 문제인데, 투표 수 통계를 사람에 의존하므로 표수 통계원의 명확하고 성실한 통계 진행이 요구된다고 말했다. 이렇게 보면, 당신은 보완의 취약점이 도대체 어디인지 찾을 방법이 없으며, 모든 페이퍼 투표가 잘 보존되고, 얼마의 표가 섞였는지도 알 수 없을 뿐더러, 혹은 일부 투표가 왜곡되는 것이 없다는 것을 보증할 수도 없다. 이런 방식은 실제 위험성이 매우 증가하며, 투표 수가 많을수록 쉽게 속이고 부패가 발생하기 쉽다.[1]

블록체인+의료

블록체인 기술의 탄생은 모든 인구 데이터베이스와 건강 정보 교환을 쓸모 있게 만들었다. 블록체인 기술은 데이터의 보완을 향상시켜 명백하게 음성적 비용을 줄일 수 있다. 만일 새로운 의료 기록 방식이 현실화된다면, 2016년 초의 저품질 어린이 백신으로 인한 비극은 더 이상 발생하지 않을 것이다.

차이나 인베스트먼트 어드바이저가 발표한 〈2016~2020년 블록체인 기술의 심층 연구 및 투자 예측〉에 의하면 의료 분야에서 블록체인 기술의 응용은 전자 의료 기록, DNA 지갑, 약품 위조와 단백질 폴딩 등의 몇 가지 측면으로 구분된다. [2]

전자 의료 기록

병원마다 의료 기록을 발급하지만 서로 연결되어 있지 않아서 만일 환자가 자발적으로 제공하지 않거나 다른 병원이 의료 기록을 제공하지 않는다면 의료 기록을 얻을 방법이 없다. 이는 어느 정도 진단 및 치료 진행이 어려울 수 있다. 블록체인 기술을 사용하면 각 개인의 의료 기록은 전자 의료 기록에 쉽게 저장된다.

---

[1] Block The Vote: Could Blockchain Technology Cybersecure Elections? [EB/OL]. (2016–08–30) [2017–05–18].https://www.forbes.com/sites/realspin/2016/08/30/block-the-vote-could-blockchain-technology-cybersecure-elections/#1097f71b2ab.

[2] 의료 분야의 블록체인 응용 분석: [EB/OL]. [2017–05–18].https://wenku.baidu.com/view/d551f47a6529647d2628524f.html.

[그림 4-26] 블록체인+전자 의료 기록

DNA 지갑

유전자와 의료 데이터는 블록체인 기술을 사용해서 안전하게 저장되고, 개인 암호 키로 자신의 DNA 지갑을 생성할 수 있다.

의료 기업은 약물 연구를 진행 때에 권한 등급별로 자동으로 인터넷에서 관련 데이터를 얻을 수 있으므로 약물 연구에 매우 큰 도움이 된다.

[그림 4-27] 블록체인+DNA 지갑

약품 위조

약품 위조 분야에서 블록체인 기술의 응용은 앞에서 제기한 신분 인증과 매우 유사하다. 블록체인의 추적 기능을 이용하여 약품의 원료와 완제품에 유일한 번호를 부여해서 가짜 약 제조자가 가짜 약을 생산하더라도 위조된 약품인 것을 확인할 수 있다.

단백질 폴딩(protein folding)

단백질 폴딩의 과정을 시뮬레이션하는 것은 매우 힘이 많이 든다. 스탠퍼드대학은 매우 비싼 슈퍼컴퓨터를 이용해 단백질 폴딩 과정을 시뮬레이션했지만, 이런 방식의 단점은 바로 돈이 너무 많이 들며, 단일 장애점(single point of failure, SPOF)이 존재한다는 것이다.

블록체인 기술을 이용하면 분산식 네트워크의 협조로 접힘 단백

[그림 4-28] 블록체인+약품 위조 방지

질을 시뮬레이션할 수 있다. 네트워크에서 각 노드가 계산을 진행할 때 전체 네트워크의 계산력을 조정하여 사용할 수 있으며, 1만 대의 컴퓨터를 함께 협력하여 데이터를 계산하기 때문에 비싼 슈퍼컴퓨터를 구매할 필요가 없다.

[그림 4-29] 블록체인+단백질 폴딩(folding)

사례 1: 가드타임(Guardtime)과 에스토니아 전자 건강재단

데이터 보안 신생 회사인 가드타임사는 에스토니아 전자 건강재단과 협력 파트너 관계를 맺었음을 발표하였다. 블록체인 기술을 사용하여 100여만 명의 환자 의료 기록에 대해 안전한 정보 보안 서비스를 제공하였다.

재단은 가드타임사의 키 없는 서명 인프라를 도입하여 의료 정보를 재단의 오라클(Oracle) 데이터 엔진에 통합하여 환자에게 실시간으로 볼 수 있는 정보 검색 서비스를 제공할 것이다. 환자의 의료 기록 역시 블록체인으로 기록된다.

가드타임사의 대변인은 인터뷰에서 "우리가 민감한 정보를 보호

하려할 때 최대의 위협인 해커, 악성 코드 및 시스템 문제를 만나게 되면, 데이터는 왜곡되거나 삭제 또는 갱신 등의 오류가 발생할 가능성이 있다. 그러나 블록체인이 있다면 상황은 크게 다르게 된다. 우리는 데이터의 무결성을 보증할 수 있고, 모든 변경 사항은 기록될 것이다."라고 말했다.

전자 건강재단의 책임자는 가드타임사의 기술을 사용하여 건강 기록을 실시간으로 관찰할 수 있으며, 어떠한 돌발 사건에도 신속하게 대응할 수 있고, 대규모 손실의 발생을 방지할 수 있을 것으로 예측하고 있다.[1]

사례 2: 브론텍(Brontech)의 의료 서비스 플랫폼

오스트레일리아 시드니의 신설 회사인 브론텍은 블록체인 기술을 사용하여 의료 보건 시스템의 신뢰성과 보완을 향상시키는 서비스 플랫폼을 구축하였다. 건강 플랫폼인 Cyph MD는 의료 보건에서 데이터 공유를 실현하기 위해 블록체인 기술을 사용한다.

Cyph MD는 개인 키와 공개 키를 사용하여 데이터를 암호화하고 해독하는 비대칭 암호 설정 기술을 사용한다. 비대칭 암호 설정 기술과 계층적 인증적 시스템의 결합으로 각 병원은 의료 업계 사람

---

[1] Blockchain Startup to Secure 1 Million e-Health Records in Estonia[EB/OL]. (2016–03–03) [2017–05–18].http://www.coindesk.com/blockchain-startup-aims-to-secure-1-million-estonian-health-records/.

사이의 소통을 원활하게 하기 위해 병원 의료 전문가를 위한 '신분 토큰(token)'을 설치하였다.

브론텍사의 설립자인 엠마 포포스카(Emma Poposka)는 회사의 신분 인식 모듈의 개발에 집중하겠다고 하였다. "우리는 방탄복처럼 안전하게 보호되는 디지털 신분 제도를 만드는 데 노력하고 있다. 모든 사람이 이 디지털 신분을 사용할 수 있으며, 현지에 합법적인 신분을 가지지 않은 사람도 사용할 수 있다. 우리는 블록체인을 사용한 다기능 신분 플랫폼을 개발하여 여러 영역에 적용할 수 있는데, 그중 하나는 교육이고 다른 하나는 건강관리이다."라고 말했다.[1]

블록체인+저작권

저작권은 매우 뜨겁다. 블록체인은 더 뜨겁다! 우리는 모두 저작권이 돈이 된다는 것을 알고 있다. 바꿔 말하면, 누구에게 저작권이 더 많이 있는가에 따라 발언권은 크게 달라진다.

큰돈에는 반드시 분쟁이 있기 마련이다.

---

[1] Australian Startup Cyph MD uses Blockchain Technology For Data Sharing in Healthcare[EB/OL]. (2016–08–09) [2017–05–18].http://www.the-blockchain.com/2016/08/09/australian-startup-cyph-md-uses-blockchain-technology-data-sharing-healthcare/.

[그림 4-30] 블록체인+저작권

⟨Goodbye Mr.Loser⟩라는 영화는 미국의 옛날 영화를 표절하였으며, ⟨미월전⟩의 작가와 시나리오 작가는 서로 저작권이 자기 것이라고 하는 등 저작권의 세계적인 도난 문제가 있었다.

이 문제의 근본 원인은 저작권의 귀속과 보호 문제이다. 이전에 해결하기 어려웠던 것은 저작권 유지의 원가가 매우 높고 원작자가 심신으로 지치게 되기 때문이다. 만일 블록체인이 있다면 이 문제를 결단성 있게 해결할 수 있다. 어떻게 블록체인 기술을 사용하여 저작권 문제를 해결하는지 보자. 먼저 소유권을 선포하고 타임 스탬프를 추가한다.

창작자는 자신의 원 창작품 및 관련 내용(프로토콜)을 불록체인에 업로드할 수 있다. 그런 후 문서 대응의 해시값을 생성할 것이다. 그 후 거래에서 문서의 암호 설정 해시값을 삽입할 수 있으며, 이 거래는 블록체인 채굴자들이 블록을 감싼 후에 블록의 타임스탬프가 문서의 타임스탬프가 된다. 이 해시값+타임스탬프의 디지털 인증서는 창작물의 존재 및 적시성 증명 문제를 어느 정도 해결할 수 있다.

소유권의 추적 및 전체 과정의 역추적은 다음과 같다.

모든 저작권 사용과 거래의 환경을 포함하여 블록체인은 처음부터 끝까지 기록되므로 전 과정을 역추적할 수 있으며, 모든 과정은 되돌릴 수 없고 왜곡할 수 없다.

또한, 블록체인 기술의 응용은 어느 정도에서 무형 재산의 확인 및 가치 평가 문제를 해결할 수 있다.

[그림 4-31] 저작권은 보호가 어렵다.

소셜 출판 플랫폼을 운영하는 한 CEO는 "저작권은 작품의 창작 과정 중에 반드시 권한을 확정지어야 한다."라고 제기했다. 그리고 미완성된 작품이나, 몇백 글자의 창조적인 작품의 시작부터 완성된 전 과정을 기록한다면 작품은 창작 단계부터 권한이 확정되는 것이다.

그는 스마트 계약을 통해서 모든 작품 권리의 행사와 추적을 기대함과 동시에 작품 창작 과정 중에 저작권 서비스 제공자를 끌어들여 거래를 진행하기를 기대한다.

이는 블록체인이 저작권의 출처부터 작품까지 일괄 서비스라고 불릴 수 있을 것이며, 일단 권한이 확정되면 수정할 수 없다. 만일 블록체인 저작권 증명이 대규모로 확대된다면, 표절하는 사람들이 오늘날처럼 만연하지 않을 것이라 상상할 수 있다.

블록체인 기술을 이용하여 저작권 보호 문제를 해결하는 것을 보는 것은 매우 아름다운 일이지만, 현실에서는 3가지 큰 도전에 직면하고 있다.

1. 블록체인 기술의 상용화와 대중화 보급은 현재 유행하고 있는 VR(가상현실)과 마찬가지로 개념은 이미 잘 알고 있지만, 보급률은 여전히 낮다.

2. 블록체인 기술과 관련된 법률은 제안부터 제정하고 다시 개정에 이르기까지 블록체인 개념의 보급보다 관심이 적

[그림 4-32] 저작권 응용에서 블록체인 기술이 직면한 3대 도전

다. 이것은 현재 블록체인을 사용한 저작권 권한 유지에 대한 주요한 판례가 없었다. 창작자들이 가지고 있는 블록체인의 증거는 법률적 근거 없이 단지 안심하고 증명하는 것뿐이다.

3. 해시값의 생성 비용이 너무 크다. 그것은 문서의 크기, 시간, 유형, 창작자 등에 근거하여 계산해 내는 것으로, 단일 요인의 미세한 변경이 최종 결과의 거대한 변화를 불러일으킬 수 있어서 누구도 다음 해시값이나 소프트웨어 변경 정도를 예측할 수 없다. 이는 프로세스 원가를 증가시켜서 만일 앞장서서 이 시스템을 만들고자 하는 대기업이 없다면 블록체인을 사용하여 저작권 보호를 하는 것은 얼마나 많은 시간이 지나야 실현될 수 있을지 알 수 없다.

사례 1: Babyghost와 BitSE

2016년 상하이 패션 위크에서 독립적 패션 브랜드인 Babyghost는 상하이 블록체인 서비스 회사인 BitSE와 공동으로 20여 벌의 의류 신상품을 선보였다. 선보인 모든 의류에는 BitSE사에서 생산한 VeChain 칩을 내장하여 관중들이 칩을 스캔하면 '이 옷의 이전과 현재'에 대한 정보를 받아 보여 준다. BitSe사는 만일 고객이 이 옷

을 입어본 후에 구매했을 때, 고객이 구매와 입은 정보를 칩에 기록해서 제공할 수 있다고 말한다.[1]

사례 2: 블록체인과 음악

2015년 10월 영국의 여가수 이모젠 힙(Imogen Heap)은 그녀의 신곡 'Tiny Human'을 이더라움의 블록체인에 발표하였다. 사용자들이 이더라움의 계좌에서 MP3 음악 파일의 사용 권한을 획득할 수 있다. 이를 통해 사용자가 저작권 승인을 획득함과 동시에 이모젠 힙과 그의 팀은 직접 수익을 얻을 수 있다.[2]

블록체인+사물인터넷(IoT)

10년 전의 인터넷이 자동차 타는 것을 선택하는 것이었다면, 현재의 블록체인+사물인터넷은 미사일 타는 것을 선택하는 것이다. 사물인터넷에 의해 우리는 스마트폰을 사용하여 원격으로 집 안의 모든 가전제품을 제어할 수 있다.

---

[1] Babyghost and VeChain: Fashion on the Blockchain[EB/OL]. (2016-10-18)[2017-05-18].https://bitcoinmagazine.com/articles/babyghost-and-vechain-fashion-on-the-blockchain-1476807653/.

[2] Blockchain Going for a Song: New Tech Tunes Up Music Industry[EB/OL].(2016-05-22)[2017-05-18].https://cointelegraph.com/news/blockchain-going-for-a-song-new-tech-tunes-up-music-industry.

　최근 몇 년 동안 과학기술의 비약적인 발전에 따라 사물인터넷은 이미 빠르게 진화되었다. 국제 데이터 회사가 최근 발표한 통계 보고에 따르면, 2020년이 되면 글로벌 사물인터넷 시장 규모가 3조 달러까지 성장할 것이며, 글로벌 사물인터넷 설비는 300억대가 될 것이라고 예측했다.

[그림 4-33] 간편한 사물인터넷

　현재 불처럼 뜨거운 블록체인 기술은 사물인터넷 장치 사이에 낮은 원가로 연결을 생성할 수 있으며, 분산된 합의 메커니즘을 통해서 시스템의 보완 및 기밀성을 높일 수 있다. 동시에 블록체인 기술과 스마트 계약을 추가하면 각 스마트 장치가 스스로 유지 관리와 조절할 수 있는 네트워크 노드를 추가할 수 있다. 이 노드가 사전에 정의된 기준에서 정보를 교환하고 신분을 확인할 수 있으며, 동시에 모르는 사람과 거래를 진행할 수도 있다.

다음의 케이블 네트워크를 예로 들어 설명을 진행한다. 현재 네트워크는 보안 위험과 낭비 현상이 보편적으로 존재한다. 스마트화된 케이블 레더가 얼마나 안전하고 쉽고 실효적일 것인지를 상상해 보라. 일단 스마트 케이블 레더가 번개를 맞으면 즉시 사고 보고가 생성되어 유지보수팀에 통지하여 적합한 공구를 휴대하여 지정된 장소로 가서 유지 보수를 진행할 수 있다. 동시에 스마트 케이블 레더는 신호 전송 임무를 부근의 전봇대에 분배할 수 있어서 결국 같은 네트워크에 속하게 된다. 이렇게 통신 회사가 비싼 돈을 들이지 않고 현장에 검사, 수리하는 원가가 필요 없을 뿐만 아니라 최대한 빠른 통신을 회복할 수 있다.

블록체인+사물인터넷의 세계에서 각 케이블 레더에 모두 각자의 신분이 있으며, 신분이 확인되지 않으면 작동하지 않는다. 신분 인증된 블록체인을 사용하는 것은 스마트 케이블 네트워크의 핵심으로 엔지니어가 각 설비(케이블 레더)에 고유한 선로를 설정한 후에 이 선로와 신분이 같은 분산식 장부에 저장된다.

분산식 장부는 이런 설비가 요금을 받은 후에 비로소 계속해서 사용할 수 있음을 보증한다. 만일 파손이 발생한다면 스마트케이블 네트워크가 빠르게 반응하고 자동으로 새로운 선로를 찾고 통신 중단을 방지할 것이다.

이는 관련된 케이블 레더의에 대한 몇 가지 아이디어일 뿐이다.

[그림 4-34] 블록체인+사물인터넷(IoT)

가장 미세한 센서는 물론 거대한 기계 설비도 모두 거대한 사물인터넷에 연결될 것이다.

사물인터넷의 응용 범위는 매우 광범위하여 스마트 교통, 환경 보호, 정부 업무, 공공 안전, 스마트 시티, 스마트 홈, 환경 모니터링, 산업 모니터링, 식품 추적 등 여러 영역에 보급되었다. 사물인터넷의 발전이 직면한 가장 큰 문제는 간단하게 탈중앙화의 사물인터넷을 구축하는 것이 아니라, 끊임없이 개척되고 통용된 사물인터넷을 구축하는 것임과 동시에 개인정보 보호, 보완을 보장하고 참여자로 하여금 신뢰 구축 없이도 거래를 진행할 수 있도록 하는 것이다. 수천억의 사물인터넷 데이터 수는 참여자가 모두 신뢰할 만한 가치가 있는 것이 아니며, 심지어는 악의적인 것도 있다. 따라서 어떠한 형태든지 합의와 검증의 메커니즘이 필요하다.

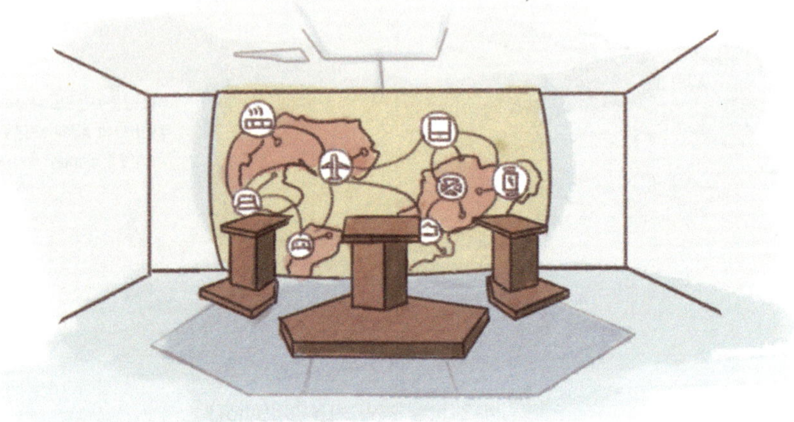

[그림 4-35] 블록체인과 만물 인터넷(IoE)

　예견할 수 있는 것은 미래에 이 지구의 수십억 명의 사람과 수천억 개의 기계 모두 블록체인 네트워크에 연결될 것이고, 사람과 기계, 기계와 기계 사이의 대화, 무역, 거래, 지급이 현실이 될 것이다. 인류가 상품과 서비스에 거의 자유롭게 접근할 수 있는 시대가 빠르게 올 것이며, 블록체인+사물인터넷의 세계는 탈중앙화와 협력하여 공유하는 시너지 효과의 세계인 것이다.

사례 1: 필라멘트(Filament)

　최근 미국 블록체인 창업 회사인 필라멘트는 불펜 캐피털, 버라이존 벤처 캐피털, 삼성 벤처 캐피털로부터 500만 달러 규모의 A 파이낸싱을 완료했다.

필라멘트사의 블록체인에 기반한 스택을 사용하면 기업은 중앙 집중식 클라우드 및 매뉴얼 페이퍼 기반 사무실의 상황에 의존하지 않고, 광산 작업 및 수자원을 보다 효율적으로 관리할 수 있다.

필라멘트사의 공동 설립자 겸 최고경영자인 에릭 제닝스(Eric Jennings)는 필라멘트를 블록체인 기술을 사용하여 공공 장부에 있는 장치의 고유한 신분을 기록하는 분산된 사물인터넷 소프트웨어 스택이라고 정의했다. 그는 "스마트 장치 목록을 만드는 것을 통해서 필라멘트는 사물인터넷 장치가 안전하게 정보를 소통하고 스마트 계약을 체결하며 소액 거래를 보낼 수 있게 할 것이다."라고 말했다.

제닝스는 인터뷰에서 "거의 모든 회사가 이렇게 걱정하고 있다. 내 사물인터넷 전략은 무엇인가? 많은 회사는 그들이 가지고 있는 영역에 대해 매우 잘 이해하고 있지만, 그들은 인터넷망 혹은 블록체인에 대해 알고 있는 것이 매우 적다. 하지만 그들은 업계 발전에서 퇴출되지 않도록 효율성을 향상시키기 위해 인터넷망에 연결해야 한다는 것을 알고 있다."라고 말했다.[1]

---

[1] Filament Nets $5 Million for Blockchain-Based Internet of ThingsHardware[EB/OL]. (2015–08–18) [2017–05–18].http://www.coindesk.com/filament-nets-5-million-for-blockchain-based-internet-of-things-hardware/.

사례 2: IBM과 삼성

IBM은 삼성과 ADEPT(분산 P2P 자동 원격 측정) 시스템을 개발하기 위해 제휴한다고 발표했다. 이 시스템은 비트코인 기반 기술을 사용하여 분산식 네트워크 장비를 구축하는 탈중앙화된 사물인터넷이다. IBM과 삼성은 ADEPT 시스템을 지원하기 위해 BitTorrent(파일 공유), Ethereum(스마트 계약), TeleHash(P2P 메시징 시스템) 등 3가지 프로토콜을 선택했다.

발표된 프로젝트의 초안에 따르면 "블록체인의 개념을 응용하면 사물인터넷에서 무한한 가능성이 생길 것이다. 일단 제품의 생산이 완료되면 제조업체는 블록체인에 제품을 등록하여 제품 수명 주기의 시작을 표시할 수 있다. 제품이 판매되면 판매상이나 소비자는 지역의 블록체인(예: 커뮤니티, 시 또는 도)에 이 제품을 등록할 수 있다."라고 하였다.

초안을 기획한 사람은 "우리는 어떻게 ADEPT 시스템을 사용할 것인지를 시연했다. 일반적인 세탁기가 스스로 소모품 공급 등을 관리할 수 있어서 셀프서비스를 제공하고 스스로 유지 관리를 할 수 있는 반자동 스마트 장치가 될 수 있다. 심지어 다른 가정과 대등한 장치끼리 소통할 수도 있어서 자동으로 운영 환경을 최적화할 수 있다. 이 모든 작업은 중앙 컨트롤러 프로그램의 조정 또는 조정 없는 상황에서 진행되는 것이다. [1]

---

[1] IBM Reveals Proof of Concept for Blockchain-Powered Internet of Things[EB/OL]. (2015–01–17) [2017–05–18].http://www.coindesk.com/ibm-reveals-proof-concept-blockchain-powered-internet-things/.

블록체인+농업

사람과 사람 사이의 관계는 서로 신뢰를 바탕으로 시작한 후에야 비로소 접촉하여 교류하고 진일보된 공동의 작업을 할 수 있다. 그리고 인류 공동의 발전과 진보와의 관계에 대해 블록체인의 완벽한 해석이 촉진될 것이다. 비트코인의 기반 기술인 블록체인은 시스템에서 많은 사람이 장부 기록 과정에 참여하는 것을 허락하고, 이는 사람마다 완전히 같은 장부를 가지고 있지만 누구도 장부 내용을 삭제하거나 수정할 수 없는데, 이는 기계나 개인 모두 해당된다. 블록체인의 실용적인 가치와 투명성이 비교적 높기 때문에 블록체인은 농업과 결합하면 어떠한 이익을 얻어 낼 수 있을까?

농업 현황

1. 농업 생산 경영의 관점에서 보면, 현재 농업 생산 경영은 여전히 비교적 전통적이고, 거칠고, 하루하루 먹고사는 문제에서 근본적으로 변하지 않는다.

2. 지속적으로 발전하는 자원 개발 상황을 보면, 농업은 생산 과정에서 대량의 자원과 에너지 소모를 발생시켜 생태 환경에 심각한 피해를 주며 국민 건강에 직접적인 영향을 끼친다.

3. 정보화의 관점에서 보면, 농업 정보화, 현대화의 진행은 아직 초기 단계이다. 많은 선진 기술이 필요하며, 농업 스마트화의 수준을 향상시켜야 한다.

4. 식품 안전 측면에서 보면, 법률적 구속력, 관리 감독의 힘이 부
   족하다. 일부 기업, 개인의 이익 추구 극대화 등은 식품 안전
   문제가 여전히 꼬리를 물고 나타나서 사람들이 식품 안전 메커
   니즘에 대한 신뢰 부족으로 이어졌다. [1]

[그림 4-36] 농업에 존재하는 문제

---

[1] "블록체인+농업" 낙지(落地)는 꿈이 아니다.[EB/OL]. (2016-10-28)
[2017-05-18].http://www.hooshong.com/news/133309.html.

블록체인 기술과 결합한 농업의 2가지 방향 : 상품화와 농업 보험

1. 상품화와 블록체인: 소비 프로세스가 투명하다.

생산 업체는 인터넷 신분 식별 기술을 사용하여 생산해 낸 각 상품의 정보를 전부 블록체인에 기록할 수 있으며, 블록체인에 상품의 생산 이력을 형성한다.

예를 들어 설명하면, A가 10kg의 반GMO 보리를 생산한 다음 블록체인에 "A가 어느 날 10kg의 보리를 생산했다."라고 초기 기록을 추가했다. 이어서 A는 시장에 가서 10kg의 보리를 B에게 팔았다. 그리고 블록체인에 "B가 어느 날 A의 10kg의 보리를 받았다."라고 기록을 추가한다. B는 보리를 도시의 빵집에 팔고 블록체인에 "빵집이 어느날 B의 10kg의 보리를 받았다."라고 새로운 기록을 추가한다. 이어서 빵집은 보리를 빵으로 만든다. 마지막으로 소비자가 빵을 구매할 때 블록체인에 관련 정보를 검색하면 전체 빵 생산 과정을 추적할 수 있으며 빵의 신뢰성을 확인할 수 있다.

[그림 4-37] 소비 유통의 전 과정이 투명하다.

2. 농업 보험과 블록체인: 농업의 스마트화를 높인다.

블록체인 기술과 농업 보험이 서로 결합하면 보험 사기 사건을
효과적으로 줄일 수 있을 뿐만 아니라, 농업 보험의 처리 절차를 대
폭 간소화할 수 있어서 농업 보험에 대한 배상 과정이 스마트화 된
다. 예를 들어 일단 농업 재해가 감지되면 블록체인은 자동으로 배
상 프로세스를 시작하므로 배상 효용성이 크게 향상될 뿐만 아니
라 보험 사기 문제 역시 해결할 수 있다.

[그림 4-38] 농업의 스마트화를 높인다.

사례 1: 월마트 글로벌 공급 체인

월마트는 IBM 및 칭화대학과 공동으로 중국 정부의 협조하에 2 개로 독립되어 추진된 블록체인 시범 프로젝트를 가동하였다. 이는 공급 체인 데이터의 정확성을 높여서 식품 안전을 보장한다. 월마트가 블록체인 기술을 글로벌 공급 체인에 적용하게 되면, 원가는 1조 달러 감소할 것이다. 이러한 움직임은 중국의 더 나은 식품 안전 보장을 도울 뿐 아니라, 월마트 자체에 대한 원가를 대폭적으로 낮추게 될 것이다.

IBM 글로벌 공급 체인 솔루션 부서 책임자는 "일단 이 파일럿 프로젝트가 시작되면, 월마트는 돼지고기 시장에서 더 많은 수익을 얻을 수 있다."라고 설명했다.

이 파일럿 프로젝트는 현재 초기 단계이며, IBM, 월마트와 이름이 공개되기를 원치 않는 공급업체를 포함한 3개의 테스트 단계를 설정했다. 책임자는 후속 테스트 단계가 10에 도달할 때까지 "전체 산업이 원가를 '수십억 달러' 절감할 것이다. 프로젝트가 시작된 후 월마트의 각 상품은 모두 블록체인 시스템 인증을 받았으며, 투명하고 안전한 상품 기록을 보유하게 된다. 분산식 장부에 기록된 정보 역시 소매업체가 서로 다른 매장 상품의 유통기한을 보다 잘 관리할 수 있도록 도와준다."라고 설명했다. [1]

사례 2: 필라멘트의 스마트 농장

Agfunder News(농업 뉴스 사이트)의 보도에 의하면, '스마트 농장'이라는 개념을 만든 필라멘트사를 비롯하여 많은 분산식 장부의 농업 솔루션이 활성화되고 있다. 필라멘트사의 플랫폼에서 사용자는 스마트 농장 기술을 활용하여 신뢰할 만한 농장 인프라를 구축한다. 이른바 스마트 농장은 환경의 질을 향상시키고 과학, 기술 및 생물학적 주기를 통합 조절할 수 있고, 농장 운영을 통해 경

---

[1] 월마트가 IBM과 칭화대학과 공동으로 블록체인 시범 프로젝트를 제조하다.
(2016-10-20) [2017-05-18]. http://www.sohu.com/a/116621490_448077.

제 가치를 창출할 수 있으며, 지속적으로 발전 가능한 농업 생산 방식이다. 블록체인 기술을 적용한 농장은 왜곡을 방지하는 기상 데이터, 메시지 알림, 기계 프로토콜, GPS(글로벌 위치 시스템)의 정위치 등을 내보낼 수 있으며 기타 관련 플랫폼보다 더욱 정확한 정보를 얻는다.

업계 인사는 블록체인을 해석하여 농업 경제 발전을 추진하는 잠재적인 시기에 "소비자의 깨끗한 식품(유기농 식품 포함)의 요구가 급격히 증가하고 있지만, 생산 업체와 제조 업체는 농장에서 식탁까지의 생산 과정에서 데이터 정확성을 보장하기 어렵다. 이 문제에서 블록체인은 매우 큰 도움을 제공할 수 있다. 그 외에 블록체인 기술이 농업 영역의 실제 적용에서 불공정한 가격 책정을 줄이고, 제품의 원산지를 기록하고, 수입 농산품의 영향을 감소시키며, 지역화된 경제를 발전시키는 것도 포함된다. 미래에 블록체인 플랫폼은 농촌 지역에 돈을 송금하는 농업 금융 솔루션을 제공하는 데 도움을 줄 수 있다.

블록체인 기술은 사람들에게 글로벌 시장과 경제 산업을 변화시킬 잠재력을 보여 주며, 농업 분야가 그중 하나가 될 것이다.[2]

---

② Blockchain Will Transform the Agriculture Industry[EB/OL]. (2016–09–06) [2017–05–18].https://news.bitcoin.com/blockchain-agriculture-industry/.

블록체인+자선

최근에는 자선 기부가 점차 보편화하였지만, 그동안 운영과정에서 축적된 많은 문제가 여전히 남아 있다. 현실적으로 이러한 문제가 기부하고자 하는 사람들의 마음을 가로막는다.

자선기금재단(charity Aid Foundation)은 최근 〈기증 체인-자선과 블록체인〉 보고서에서 블록체인 기술이 자선 기관의 자금 모금과 운영 방식에 어떻게 영향을 주는지에 대한 주제로 발표하였다. 보고서에 따르면, 블록체인 기술은 사람들이 자선 활동에 기여하는 방식과 자선 단체가 기부금을 사용하는 방식을 바꿀 수 있다.

20여 페이지에 달하는 보고서에 따르면, 2016년 미국 자선 단체의 수입은 2조 달러를 초과하였고 그 중 3,730억 달러는 자선 기부금이었다. 이 보고서는 자선 영역에서 블록체인 기술의 몇 가지 장점을 분석하고 있다.

1. 거래 원가 절감

블록체인에서의 거래는 P2P로 수행할 수 있는 것이며, 당신이 별도의 은행과 기관을 대리로 할 필요 없이 지정된 사람이나 기관에 돈으로 직접 기증할 수 있다. 이는 거래 원가를 효과적으로 줄일 수 있을 것이다.

[그림 4-39] 거래 원가를 낮춘다.

2. 투명성 증대

블록체인 기술은 보다 투명하게 기부를 할 수 있게 한다. 기부할 때 직접 분산식 장부의 데이터베이스에 기록되고, 투명하게 공개되어 검색할 수 있고 왜곡할 수 없다. 당연히 당신도 장부를 통해 기부금이 흘러간 곳을 추적할 수 있다.

3. 신뢰 강화

블록체인 기술은 사람들로 하여금 빠르게 신뢰 관계를 구축할 수 있어서 제3자에 대한 기부자의 요구는 필요하지 않다. 이는 버전 2.0의 자선 단체과 비영리 단체가 더 이상 다른 기관인 은행, 변호사 등에 의존하지 않아도 되는 것을 의미한다.

이전

이후

[그림 4-40] 투명성을 높인다.

이전

자선 기관 1.0

이후

자선 기관 2.0

[그림 4-41] 신뢰를 강화한다.

사례: 비트기브(BitGive) 재단

비트기브 재단은 세계 최초의 비트코인 비영리 조직이라고 주장한다. 이 재단은 세이브더칠드런(Save The Children)과 수자원 프로젝트(The Water Project)와 같은 비영리 단체와 협력 관계를 맺고 있다.

2016년 3월, 비트기브 재단은 케냐 서부의 여자 학교에 우물을 팠고, 판 우물의 모든 비용은 비트코인 커뮤니티에서 기부한 1만 1,000달러 가치의 비트코인이다. 비트기브의 책임자는 "이 우물은 현재 500명의 케냐인들에게 음용수를 제공하고 있다. 만일 이 우물이 없다면 그들은 깨끗한 물을 얻을 방법이 없다. 이 우물의 역할은 매우 거대한 것이라고 말할 수 있다."라고 말했다.[1]

[그림 4-42] 블록체인+자선

---

[1] 블록체인 : 자선단체의 부패[EB/OL]. (2016-11-28) [2017-05-18].http://www.8btc.com/goodbye-corrupt-charities.

블록체인+기타

블록체인의 응용은 사실 매우 광범위해서 인터넷과 관련된 산업은 모두 관련이 있다고 할 수 있다. 어떤 사람들이 생각지 못한 영역까지 포함해서 말이다. 블록체인을 융합할 수 있는 특성 있는 부분들은 아래를 참조하여 보충하기 바란다.

블록체인+소셜 네트워크

타링가(Taringa!)는 라틴아메리카 지역의 가장 큰 콘텐츠 플랫폼으로 사용자가 콘텐츠를 게시하여 비트코인을 벌 수 있게 수익 공유 프로젝트인 Taringa! Creadores를 출시했다.

블록체인 소셜 플랫폼인 스팀잇(Steemit)은 자체 블록체인과 암호 해독 기능을 활용하여 투표하고 토론에 참여하는 사람들에게 보상을 주는 테스트 버전을 출시하였다.

유어스(Yours)는 비트코인과 블록체인에 기반으로 구축된 또다른 분산식 소셜 네트워크를 출시할 계획이다.[1]

---

[1] 2016년 가장 유망한 5대 블록체인 용례[EB/OL]. (2016-08-20) [2017-05-18].http://www.8btc.com/five-ways-blockchain-2016.

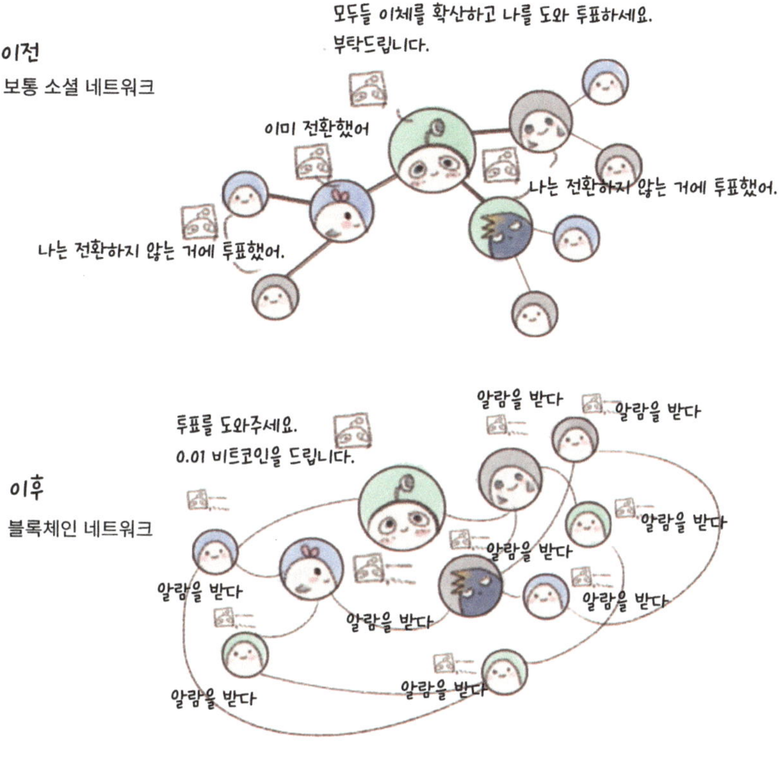

[그림 4-43] 블록체인+소셜 네트워크

블록체인+게임

타카카(Takara)는 지리 위치를 기반으로 하는 게임으로 게이머들이 게임에서 설정된 지도에서 비트코인과 쿠폰, 티켓, 적립 포인트, 회사 주식 등을 포함한 기타 가치 있는 물건을 찾는 게임이다. 이러한 '보물'을 얻기 위해 게이머들은 반드시 GPS로 지정된 위치로 이동해야 한다. 위의 모든 보상은 비트코인 블록체인에 기록될

이전

이후

[그림 4-44] 블록체인+게임

것이다.[1]

블록체인+기차표

우리가 휴대전화의 앱(Application)을 이용하여 차표를 구매할 때, 신용카드 회사가 결제 과정을 처리하고 상응하는 수수료를 취할 것이다. 그러나 철도 회사가 블록체인 기술을 적용하면, 신용카드 회사에 지불하는 수수료를 줄일 수 있으며, 심지어 전체 발권 시스템을 블록체인에 옮겨서 발권의 투명성을 실현할 수 있다.

---

[1] 2016년 가장 유망한 5대 블록체인 용례[EB/OL].(2016-08-20) [2017-05-18]. http://www.8btc.com/five-ways-blockchain-2016.

[그림 4-45] 블록체인+기차표

블록체인+이메일

만일 블록체인을 이용하여 이메일을 보낼 수 있다면, 메일의 전송은 매우 안전하고 심지어 정크 메일의 범람 문제도 해결할 수 있을 것이다. 정크 메일(junk mail)을 보내는 사람이 몇백만 개의 정크 메일을 보내면 보안 시스템은 알 수 없는 행위이기 때문에 블록체인 시스템에서 교환된 정보가 검증하고 코드화되어 실행될 것이고, 마지막으로 기록이 될 것이기 때문에 누구의 것이 아닌 분산식 네트워크에 저장되어 존재하게 된다. 또한, 메일을 전송하는 비용이 매우 낮은 경우 더욱 높은 안정성, 기밀성과 적시성을 원하게 되면 서비스 비용을 지불할 수 있다.

[그림 4-46] 블록체인+이메일

요약하면, 우리는 블록체인 기술이 거의 모든 생활에 스며들어
와 있는 것을 어렵지 않게 볼 수 있다. 아마도 20년, 10년, 심지어 5
년, 1년 후에 블록체인은 사람들의 생활에 매우 빠르게 녹아 있을
것이다. 블록체인 기술이 구체적으로 어디에 사용되고 있는지 모
르더라도 이미 없는 곳이 없이 당신 생활의 한 부분으로 스며들어
있다.

블록체인·비트코인 산업은 어떻게 발전해 왔는가

무지에서 자유로운 대화에 이르기까지

블록체인은 매우 새로운 산업이다. 엄밀히 말하면 우리는 블록체인 산업에 진입한 지 얼마 되지 않았다. 블록체인 기술을 이해하기 전에 우리의 지식은 대다수 "아! 블록체인, 신개념, 사회의 뜨거운 이슈, 금융 과학기술 영역의 엄청난 기술" 정도에 머물러 있다.

나는 블록체인 기술을 이해하는 초기 단계에 2가지 작업을 진행했다. 첫 번째는 블록체인 역사에서 전형적 사건과 시간을 보충하고, 동시에 어떠한 계획의 쟁점을 놓치지 않기 위해 실행 계획표에 기록하였다. 그날은 어두컴컴하고 바람이 많이 부는 밤, 비트코인의 생일이었다. 나는 비트코인의 탄생을 축하하는 광고를 하는 것을 잊어버렸다. 그래서 한밤중에 '불현듯 잘못을 깨닫고' 신속하게 이 부분의 지식을 습득하기 시작했다. 이 장의 첫 번째 부분의 내용은 대부분 역사 사실로, 내가 초기 정리할 때 많은 8BTC 사이트와 외국 비트코인 칼럼에서 자료를 인용하였고, 이 책을 쓸 때 일부를 삭제하거나 보충하였다.

두 번째는 바이두와 쯔후를 통해 블록체인과 관련된 주제를 논의할 때 자주 언급되는 용어를 이해하는 것이다.

내가 이런 용어를 처음 접한 것은 OKLink의 내부 세미나에서였다. 처음 세미나에 참석했을 때 다른 참석자들은 내가 이해할 수 없는 중국어, 영어 용어를 말했는데, 회의가 끝날 때까지 전혀 알아들을 수 없었다. 그래서 이 장의 두 번째 부분에서 핵심은 아니지만, 내가 처음 블록체인을 접했을 때 듣고 언급되었던 용어들을 설명하였다.

비트코인의 간략한 역사: 어디에서 와서 어디로 가는가?

1975년 4월 5일, 사토시 나카모토의 생일

사토시 나카모토는 〈P2P Foundation〉 사이트에 비트코인 백서를 발표하였다. 이 사이트에 가입할 때 반드시 기입해야 하는 항목은 출생일인데, 전설 속의 사토시 나카모토가 기입한 출생일은 바로 1975년 4월 5일이다. 물론 이 정보가 진짜인지 아닌지를 아는 사람은 없다.

1982년, 비잔틴 장군 문제

비잔틴 장군 문제는 레슬리 람포트(Leslie Lamport) 등이 제기한 것으로 P2P 의사소통에서 제기되는 근본 문제이다.

그 의미는, 정보 손실로 신뢰할 수 없는 채널에서 정보 전달을 통해 일관성을 유지하려고 시도하는 것은 불가능하다. 따라서 일관성에 대한 연구는 일반적으로 채널이 신뢰할 수 있거나 문제가 없는 것으로 가정한다. 2008년에 출현한 비트코인의 블록체인은 이 '역사적 미스터리 문제'를 해결했다.[1]

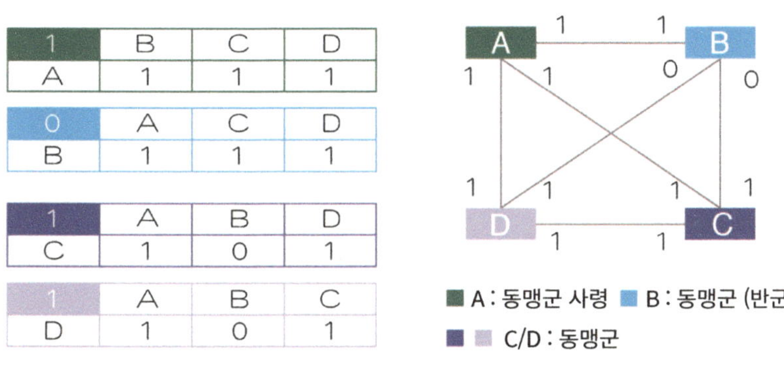

[그림 5-1] 가장 간단한 합의 알고리즘 : 비잔틴 장군 문제

1982년, 암호화 네트워크 지불 시스템

데이비드 차움(David Chaum)은 개인 정보 보안에 중점을 둔 암호화 네트워크 지급 시스템을 제안했다. 이 시스템은 추적할 수 없는 특성을 가지고 있으며, 개인 정보 보호 측면에서 비트코인 블록체인의 초기 형태로 간주된다.

---

[1] 블록체인 기술 강연사[EB/OL]. (2016-04-25) [2017-05-18].http://tech.hexun.com/2016-04-25/183507891.html.

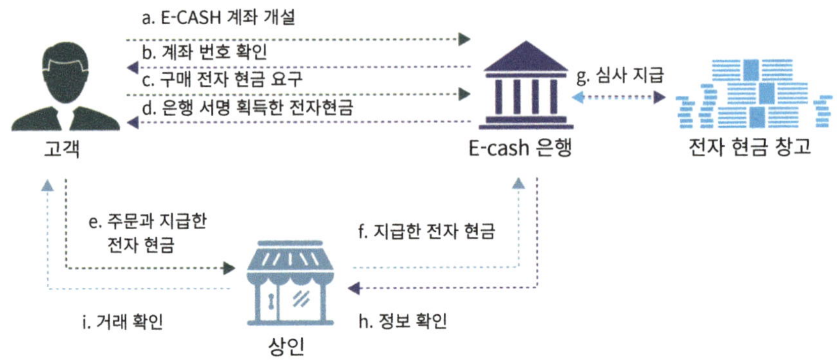

[그림 5-2] 암호화 네트워크 지불 시스템

1990년, 팍소스(Paxos) 알고리즘 제기

팍소스 알고리즘도 레슬리 람포트가 제기한 것으로 이는 메시지 전달을 기반으로 하는 합의 알고리즘이다.

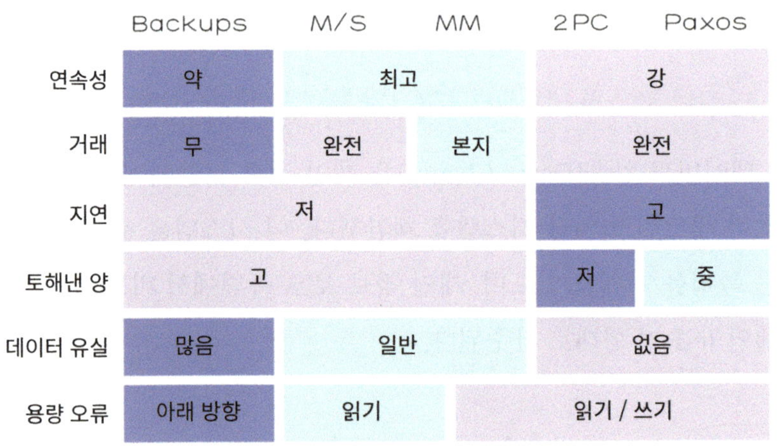

	Backups	M/S	MM	2PC	Paxos
연속성	약	최고		강	
거래	무	완전	본지	완전	
지연	저			고	
토해낸 양	고			저	중
데이터 유실	많음	일반		없음	
용량 오류	아래 방향	읽기		읽기 / 쓰기	

[그림 5-3] Paxos 알고리즘과 기타 알고리즘의 대비

팍소스 알고리즘은 분산식 시스템이 일정 값(해상도)에 어떻게 일치하는지에 대한 문제를 해결한다.[1]

1991년, 타임스탬프를 사용한 디지털 문서의 안전 확보

스튜어트 하버(Stuart Haber)와 W.스캇 스토네타(W. Scott Stornetta)는 1991년 디지털 문서의 보완을 확보하기 위해 타임스탬프를 사용하기로 합의하였는데, 이 개념은 이후에 비트코인 블록체인 시스템에 적용됐다.

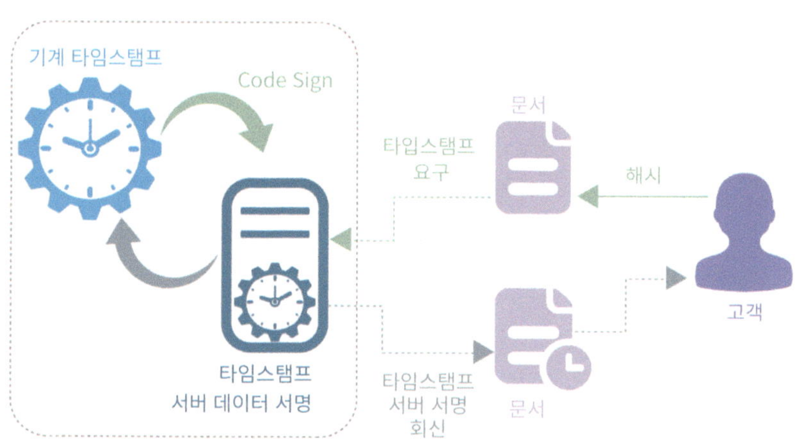

[그림 5-4] 타임스탬프 작업 이해도

---

[1] 분산식 일치성 알고리즘 —— Paxos [EB/OL]. (2016-06-27) [2017-05-18]. http://www.cnblogs.com/cchust/p/5617989.html.

1997년, 해시 캐시 기술 개발

아담 백(Adam Back)이 개발한 해시 캐시는 일종의 PoW 알고리즘이다. 이 알고리즘은 원가 함수의 불가역 특성에 의거하여 쉽게 실현하여 증명되지만 매우 풀기 어려운 특성으로 가장 먼저 정크 메일을 차단하는데 응용되었다. 해시 캐시는 후에 비트코인 블록체인에서 사용되는 핵심 기술 중의 하나가 되었다.[1]

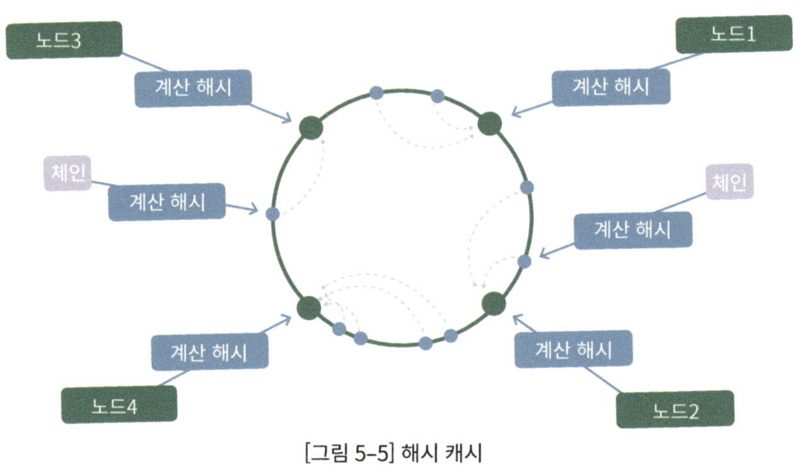

[그림 5-5] 해시 캐시

1998년, 분산식 전자 현금 시스템 B-money

웨이 다이(Wei Dai)는 1998년 익명으로 분산식 전자 현금 시스템

---

[1] BTC 전자화폐 시스템의 배후 기술[EB/OL]. (2013-12-20) [2017-05-18].http://it.dataguru.cn/article-3986-1.html.

인 B-money을 발표하고, P2P 거래와 수정할 수 없는 특성을 강조하는 PoW 메커니즘을 도입하였다.

같은 해, 닉 재보(Nick Szabo)는 분산식 디지털 통화 시스템인 Bit Gold를 발표하였다. 이 시스템은 참여자가 계산 능력으로 암호 설정된 수수께끼를 푸는데 공헌할 수 있다. 나중에 할 피니(Hal Finney)는 B-money와 아담 백이 제시한 해시 캐시 기술을 결합하여 암호화 화폐를 생성하는 RPoW(중복 사용 가능한 작업량 증명 메커니즘)를 개발하였다.

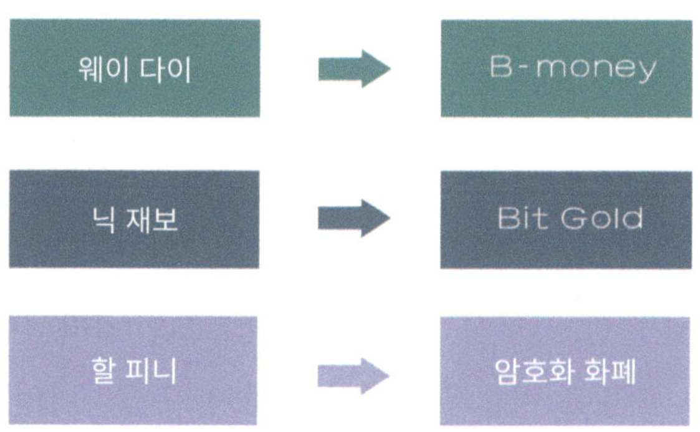

[그림 5-6] 전자 화폐

2008년 11월 1일, 비트코인 백서 발표

사토시 나카모토가 《비트코인: 일종의 P2P 전자 현금 시스템》(Bitcoin: A Peer-to-Peer Electronic Cash System)에서 최초로 비트코인을 언급했다.

263

2009년 1월 3일, '제네시스 블록' 생성

2009년 1월 3일, 18:15:05에 사토시 나카모토는 비트코인의 첫 번째 블록인 '제네시스 블록'을 만들었다. 새로운 버전의 비트코인 시스템이 0번 블록으로 설정되고 구버전의 비트코인 시스템은 1번으로 설정되도록 하였다.

거래	
거래 시간	2009-01-03　18 : 15 : 05
소속 블록	O

[그림 5-7] '제네시스 블록'을 만들다.

2009년 1월 11일, 비트코인 클라이언트 0.1 버전 발표

2009년 1월 11일, 사토시 나카모토는 비트코인 클라이언트 0.1을 발표하였다. 이것은 비트코인 역사상 첫 번째 클라이언트로 많은 사람이 채굴과 비트코인을 사용할 수 있게 된 것을 의미한다.

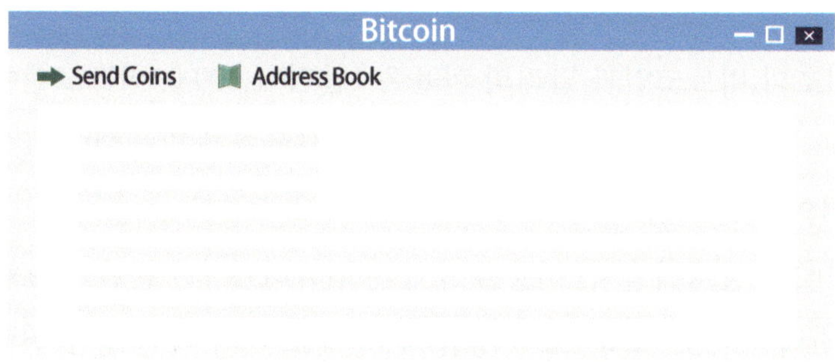

[그림 5-8] 비트코인 클라이언트 0.1 버전 발표

2009년 1월 12일, 첫 번째 비트코인 거래

2009년 1월 12일, 사토시 나카모토는 10 비트코인을 개발자이며 암호 프로그래머인 할 피니에게 보냈다. 이것이 비트코인 역사에서 첫 번째 거래이다.

블록 #170

시간	2009-01-12　03：30：25
난이도	1.000
거래수	2
총 전출량	100　비트코인
보너스	50　비트코인

[그림 5-9] 첫 번째 비트코인 거래

2009년 10월 5일, 1달러 = 1309.03비트코인

최초의 비트코인과 달러의 환율은 1달러=1,309.03비트코인이 되었고, 'New Liberty Standard'로 불리는 사용자가 발표했다. 1 비트코인의 값은 다음과 같이 계산한다.

CPU(중앙처리장치) 이용률이 높은 컴퓨터가 1년 동안 필요한 평균 전력량 1331.5kWh로 운영할 때, 전년도 미국 국민 평균 전력 사용 평균 원가인 0.1136달러를 곱하고 12개월로 나눈 후, 다시 지난 30일 동안 생산한 비트코인의 수량으로 나누고, 마지막에 1달러로 나눈다.

1.00 달러	=	885.91 비트코인	10/13/2009
1.00 달러	=	907.40 비트코인	10/12/2009
1.00 달러	=	867.02 비트코인	10/11/2009
1.00 달러	=	892.52 비트코인	10/10/2009
1.00 달러	=	833.02 비트코인	10/09/2009
1.00 달러	=	922.27 비트코인	10/08/2009
1.00 달러	=	952.02 비트코인	10/07/2009
1.00 달러	=	1 130.53 비트코인	10/06/2009
1.00 달러	=	1 109.03 비트코인	10/05/2009

[그림 5-10] 비트코인 환율

2009년 12월 30일, 비트코인 채굴 난이도가 처음으로 증가

10분마다 1개의 안정적인 채굴 속도를 유지하기 위해 비트코인 네트워크는 스스로 채굴 난이도를 조정하여 채굴을 더 어렵게 했다. 2008년 12월 30일 비트코인 채굴 난이도가 처음으로 증가하였다.

블록 #32255

시간	2009-12-30 05 : 58 : 59
난이도	1.000

블록 #32256

시간	2009-12-30 06 : 11 : 04
난이도	1.182

[그림 5-11] 비트코인 채굴 난이도가 처음으로 증가

2010년 7월 12일, 비트코인 가격의 첫 번째 급격한 변동

2010년 7월 12~16일, 비트코인 환율은 5일간 가격이 급격히 변동하는 시기를 경험했다. 0.008달러/비트코인에서 0.080달러/비트코인으로 상승하였는데, 이것이 비트코인 환율에서 급격하게 가격이 변동한 첫 번째 사건이다.

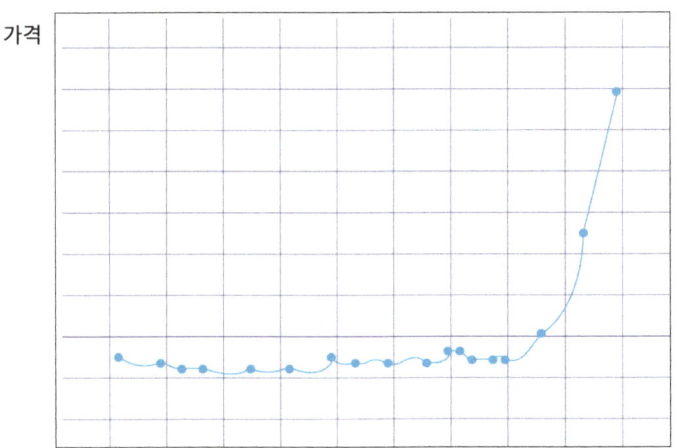

[그림 5-12] 비트코인 가격의 첫 번째 급격한 변동

2010년 7월 12일, GPU 채굴이 시작되다.

비트코인 환율이 계속해서 상승하면서 적극적으로 채굴자들이 계산 능력을 높이는 방법을 찾기 시작했다. 전용 그래픽카드는 기존 CPU보다 강력한 성능을 제공했으며, 채굴자 ArtForz는 처음으로 개인의 OpenCL(개방형 컴퓨터 언어) 아키텍쳐를 탑재한 GPU(그래픽 처리 장치)를 사용하여 채굴에 성공했다.[1]

---

① 비트코인의 5년 여정(전문 갱신 완료) [EB/OL]. (2016-08-13) [2014-01-08].
http://8btc.com/thread-2603-1-1.html.

[그림 5-13] GPU 채굴

2010년 8월 6일, 비트코인 네트워크 프로토콜 업그레이드

비트코인 협약(프로토콜)의 중요한 결함이 2010년 8월 6일 발견되었다. 거래 정보를 정확한 확인 절차 없이 거래 내역이나 블록체인에 기록할 수 있는 결함을 악용하여 1,840억 비트코인이 생성되었으며, 2개의 비트코인 주소로 발송됐다. 이 불법 거래는 바로 발견되어 취약점은 몇 시간 내에 고쳐졌고 불법 거래는 거래 내역에서 삭제되었으며, 비트코인 네트워크 프로토콜 역시 새로운 버전으로 업그레이드되었다.[1]

---

[1] 프로토콜의 결함으로 1,840억 비트코인이 생산되다.[EB/OL]. (2010-08-15) [2017-05-18]. http://www.8btc.com/184-billion-bitcoins.

2010년 10월 16일, 첫 번째 위탁 거래

비트코인 포럼 회원인 Diablo-D3와 Nanotube는 2010년 10월 16일 처음으로 theymos의 위탁을 받아 거래를 진행하였다.

2010년 12월 5일, 최초로 현실의 금융 커뮤니티와 교차점 생성

위키리크스의 미국 기밀 외교문서 유출 사건 때 비트코인 커뮤니티는 봉쇄를 타개하기 위해 위키리크스에서 비트코인 기부금을 접수할 것을 요청하였다. 사토시 나카모토는 비트코인이 아직 요람에 있어, 충돌과 논쟁을 감당할 수 없다고 여기고 단호하게 반대 의사를 표시하였다.

2010년 12월 16일, 최초로 마이닝 풀에서 채굴 성공

비트코인 채굴은 스포츠 클럽처럼 운영되었다. 2010년 12월 16일 최초로 결성된 마이닝 풀인 슬러시(Slush)에서 첫 번째 블록을 채굴하였으며, 공헌한 작업량을 근거로 각 채굴자들은 모두 상응하는 보상을 받았다. 이후 2개월 동안 슬러시 마이닝 풀의 계산력은 1400Mhash/sd에서 60Ghash/s로 증가하였다.[1]

---

[1] 비트코인: 디지털 시대의 '채굴'의 강호[EB/OL]. (2017-03-03) [2017-05-18].http://www.fx361.com/page/2017/0303/922619.shtml.

14.02.2011	2번째 서버 가입 총계산력인 60Ghash/s에 도달하다.
19.01.2011	총계산력이 20Ghash/s을 초과하다.
20.12.2010	총계산력이 4000Mhash/s
16.12.2010	앞 2개의 블록체인이 발견되다. 총계산력이 1400Mhash/s를 초과하다.
15.12.2010	테스트 버전 발표 총계산력인 -600Hhash/s

[그림 5-14] 비트코인 마이닝 풀의 출현

2011년 6월 20일, 마운트곡스(Mt.Gox) 거래 유출

2011년 6월 20일 한밤중에 세계에서 가장 큰 비트코인 거래 사이트인 마운트곡스에 깜짝 놀랄 일이 게시되었다. 1비트코인을 단지 1센트로 팔 수 있다는 내용으로 당시 정상 가격은 약 15달러였다. 마운트곡스는 사용자에게 암호를 신속하게 변경하도록 긴급히 요청했으며, 또한 이 비정상적인 시간 내의 모든 거래가 무효임을 선포하였다.

2011년 6월 29일, 비트코인 전자 지갑

비트코인 지급 처리 업체인 비트페이(BitPay)에서는 2011년 6월 29일 처음으로 스마트폰용 비트코인 전자 지갑을 출시하였다. 같은 해 7월 6일 무료 버전 비트코인 디지털 지갑 앱이 안드로이드 앱 스토어에 등록되었는데 이것이 비트코인 관련된 첫 번째 스마트폰과 태블릿 PC 앱이다. 이 앱은 브랜든 일레스(Brandon Iles)가 개발하였다.[①]

2011년 7월, 비트코인 수수께끼

2011년 7월, 당시 세계 3대 비트코인 거래소인 Bitomat는 wallet. dat 파일에 접근 권한을 잃어버렸고, 고객을 대리하여 보유하고 있던 17,000비트코인을 유실했다고 발표했다.

2011년 11월 10일, 비트코인 POS(판매 단말기) 연구 제작 성공

비트코인 POS는 인터넷과 연결되고 128×64 화소의 백라이트 흑백 모니터, 영수증 프런터 및 24개 키의 키패드로 구성되어 있으며, 그 외에 QR(Quick Response) 코드 스캐너를 연결할 수 있는[②] 1개의 USB 인터페이스를 포함하고 있다.

---

① BitPay가 출시한 비트코인 전자 지갑[EB/OL]. (2011-06-29) [2017-05-18].
http://www.8btc.com/bitpay-launches-e-wallet.

[그림 5-15] 비트코인 POS 인터페이스

2012년 8월 14일, 핀란드 중앙은행이 비트코인의 합법성을 인정

2012년 8월 14일, 핀란드 방송국의 기자가 핀란드 중앙은행의 대표를 인터뷰하면서 비트코인이 언제 법률적 지위를 가지게 되는지 물었다. 이에 대표는 "우리는 어떤 비트코인도 공식 통화와 바꿀 수 있다고 보증하지 않는다. 비트코인과 같이 관리받지 않는(정부) 가상화폐에는 그러한 보증은 존재하지 않는다."라고 말했다.

---

② 비트코인 판매 단말기(POS) 연구 제작 성공[EB/OL]. (2011-11-10) [2017-05-18].
http://www.8btc.com/bitcoin-pos.

이에 대해 기자가 "설마 비트코인이 불법입니까?"라고 묻자 대표는 "근본적으로 그렇지 않습니다. 사람들은 그들이 좋아하는 화폐를 사용하여 투자를 할 수 있습니다. 어쨌든 핀란드는 자유 국가이니까요."라고 회답했다.

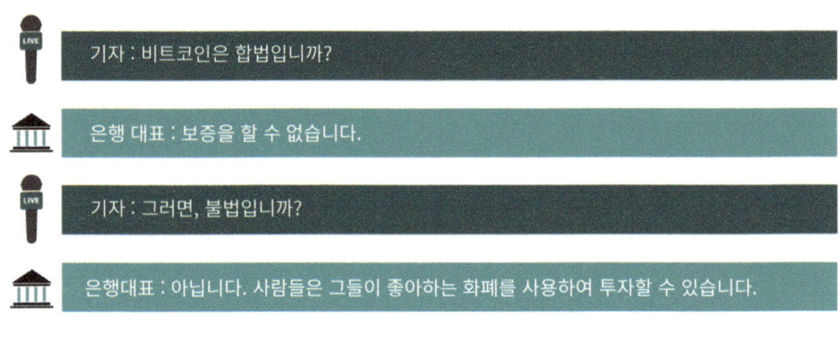

[그림 5-16] 핀란드 중앙은행이 비트코인의 합법성을 인정하다.

2012년 9월 27일, 비트코인 재단 성립

비트코인 발전의 규제, 보호와 촉진화의 목표를 실현하기 위해 비트코인 재단이 설립되었다. 이 재단은 관련 법규를 준수하는 미디어와 기업의 후원에 중대한 의의를 가지고 있다.

2012년 12월 28일, 보상이 처음으로 절반으로 줄다.

비트코인 채굴의 보상이 이전의 10분마다 50비트코인에서 25비트코인으로 줄었고, 블록 #210000에서 보상은 절반으로 줄었다.

Block Mtea BTC

블록 #210000 메인 체인	
시간	2012-11-28 15:24:38
난이도	3438 361 434
거래수	457
총 전출량	2542170093021 비트코인
보너스	25비트코인

[그림 5-17] 블록 보상이 절반으로 줄다.

2013년 10월 25일, FBI가 비트코인 새로운 부호가 되다

공포의 해적 로버츠(Dread Pirate Roverts)라는 닉네임을 사용하던 울브리히트의 계좌는 마침표를 찍어야만 했다. 미국 FBI는 이 계좌의 144,000비트코인을 FBI가 제어하는 비트코인 주소로 옮겼다.[1]

---

[1] FBI는 실크로드의 비트코인을 얻어 새로운 부호가 되다[EB/OL]. (2013-10-25) [2017-05-18].http://www.8btc.com/fbi-ross-ulbricht-2.

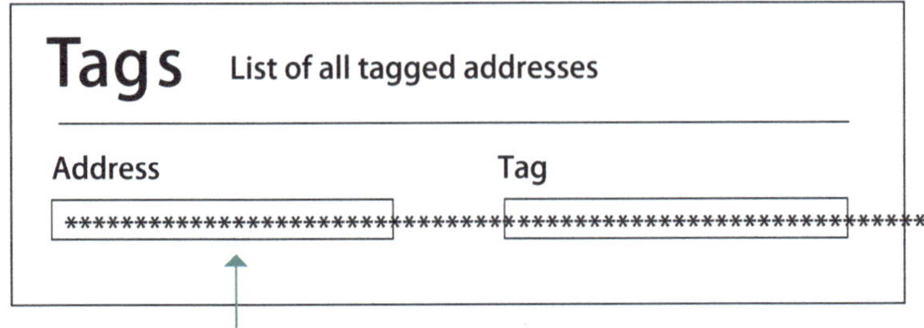

공포의 해적 로버츠의 비트코인이 FBI가 제어하는 주소로 옮겨졌다.

[그림 5-18] FBI가 비트코인의 신흥 부호가 되다.

2013년 11월 29일, 비트코인 가격이 처음으로 금 시세를 넘다

2013년 11월 29일, 비트코인은 마운트 곡스에서의 거래 가격이 1,242달러/비트코인에 도달하였고, 동시간의 황금 가격은 1,241.98 달러/온스로, 비트코인 가격이 처음으로 금 시세를 넘어섰다.

[그림 5-19] 비트코인 가격이 처음으로 금 시세를 넘어섰다.

2013년 12월 5일, 중국 5개 부서 위원회의 고지

2013년 12월 5일, 중국 인민은행 등 5개 부서 위원회는 '비트코인 위험 예방에 관한 고지'에서 비트코인이 화폐와 동등한 법률적 지위를 가지고 있지 않으며, 화폐로써 시장에서 유통하고 사용할 수 없음을 분명히 했다. 이 고지가 발표된 후에 당일 비트코인의 가격은 크게 폭락했다.

2013년 12월 18일, 비트코인 가격 폭락

2013년 12월 18일, 중국 양대 비트코인 거래 플랫폼인 '비트코인 중국'과 'OKCoin'은 당분간 인민폐 충전 서비스를 중지한다는 공고를 발표했다. 그런 후에 비트코인 가격은 2,011위안으로 크게 폭락했다.

친애하는 비트코인 중국 사용자 여러분

모두가 알고 있는 사유로 인해 비트코인은 중국에서 부득이하게 당분간 인민폐 충전 서비스를 중지합니다. 비트코인 충전, 비트코인 인출과 인민폐 인출은 영향을 받지 않으며, 비트코인은 중국에서 계속 운영됩니다. 여러분께서는 계속해서 저희 홈페이지를 관심 있게 보시기 바랍니다. 우리는 다른 충전 경로를 최대한 빨리 제공해 드리도록 하겠습니다. 불편하게 한 점 깊이 사과를 드립니다.

비트코인 중국
2013.12.18

[그림 5-20] 비트코인 가격이 폭락하다.

2014년 7월 9일, 폴란드 재정부가 비트코인이 일종의 금융 도구임을 확인

2014년 7월 9일, 폴란드 재정부 차관(Wojciech Kowalczyk)은 비트코인이 폴란드의 기존 금융 법규에서 일종의 금융 수단이 될 수 있음을 확인하는 문서를 발표했다.

재정부 회신

> " 금융 법규에 따르면 비트코인은 금융 도구로 볼 수 있다. "

비트코인의 합법적 지위

Kowalczyk는 비트코인이 폴란드에서 정부가 인정한 화폐가 아니라는 것을 확인하면서 다음과 같이 발표했다.

> " 국가 법률에 의거하여 결론을 내리면, 비트코인은 법률에서 정한 것이 아니라 보편적으로 접수된 화폐로서 국가 화폐 또는 외환이 될 수는 없다. "

[그림 5-21] 폴란드 재정부 발표문

---

① 비트코인이 중국에서 퇴출되는가? 거래 플랫폼이 잠시 인민폐 충전을 중단하다[EB/OL]. (2013-12-19) [2017-05-18].http://www.kejixun.com/article/201312/27153.html.

2014년 7월 12일, 프랑스가 비트코인 신규정을 발표

2014년 7월 12일, 프랑스 경제금융부는 금융기관과 개인 사용자들을 대상으로 연말까지 비트코인과 기타 디지털 화폐에 대한 규제 조치를 시행할 것임을 발표했다.

"비록 현재 가상화폐의 체적량이 경제 체계에 대한 영향을 미치지는 않지만, 이런 비공식적인 화폐가 발전하고 있을 뿐 아니라 불법 또는 사기의 위험성이 상존한다."

신규정 발표 :

> **"** 우리는 이미 5,000유로의 이윤세 증세를 제안했다. 증세를 하 **"**
> 기 전에 프랑스 정부는 반드시 사람들에게 비트코인 투자와 비
> 즈니스 활동의 발전을 테스트할 것이다.

[그림 5-22] 프랑스가 관리 감독 신규정을 발표하다.

2014년 12월 11일, 마이크로소프트가 비트코인 결제를 승인

마이크로소프트사는 2014년 12월 11일에 비트코인을 하나의 결제 선택 사항이 되었음을 발표하였고, 소비자가 비트코인을 사용하여 온라인 플랫폼에서 각종 디지털 콘텐츠를 구매하는 것을 승인하였다. 마이크로소프트의 공식 스토어의 결제 정보 페이지에 따르면 미국의 소비자들은 비트코인으로 그들의 마이크로소프트 계정에 충전할 수 있다.[1]

2015년 10월 22일, 유럽연합(EU)이 비트코인에 대해 부가가치세를 면제

유럽연합 법원은 2015년 10월 22일에 비트코인 및 기타 가상화폐의 거래에 대해 부가가치세 면제를 판결하였다. 이 결정은 그들이 받아들인 가상화폐 거래에서 세금을 납부할 필요가 없음을 의미하기 때문에 비트코인 커뮤니티의 중대한 승리이다.

2015년 12월 16일, 비트코인 증권 발행

2015년 12월 16일, 미국 증권거래위원회는 온라인 소매 업체인 Overstock이 비트코인 블록체인을 통해 이 회사의 주식을 발행하는 것을 승인하였다. Overstock이 증권거래위원회에 제출한 S-3 신청서에 따르면, 이 회사는 블록체인을 통해서 보통주, 우선주, 예탁증, 신주인수권 채권 등을 포함한 최대 5억 달러의 신규 유가 증권을 발행하였다.[2]

---

[1] IT 거물 마이크로소프트가 비트코인으로 결제를 선택할 수 있도록 하다[EB/OL]. (2014-12-11) [2017-05-18]. http://www.8btc.com/microsoft-adds-bitcoin-payments-xbox-games-mobile-content.

[2] 유럽연합 법원이 디지털 화폐 거래에 부가가치세 면제를 제정하다.[EB/OL]. (2015-10-22)[2017-05-18].http://www.8btc.com/bitcoin-is-exempt-from-vat.

2016년 4월 5일, 오픈바자(OpenBazaar) 온라인

탈중앙화된 전자 쇼핑 플랫폼 오픈바자(OpenBazaar)의 개발자는 2016년 4월 5일 처음으로 정식 버전의 소프트웨어를 발표했다. 오픈바자는 P2P 디지털 상거래에서 비트코인을 일종의 결제 방식으로 사용 가능하게 하였으며, 탈중앙화된 중국의 '타오바오(taobao)'와 유사하다.

2016년 5월 25일, 일본이 비트코인을 재산으로 인정

일본 참의원은 2016년 5월 25일에 디지털 화폐 거래소의 관리 감독 법안을 승인하였다. 법안은 비트코인을 일종의 자산 혹은 재산으로 분류했다.

2016년 6월, 법률로 가상 자산 보호 범위를 확정

제12차 전국인민대표대회 상임위원회 제21차 회의가 2016년 6월 베이징에서 거행되었다. 회의에서 처음으로 전국 인민대표 상임위원회 위원장이 제청한 〈중국인민공화국 민법 총칙〉 초안을 심의하

---

① Overstock은 블록체인 기술을 통한 최고 5억 달러의 신 증권을 발행하다.[EB/OL].(2015-12-16) [2017-05-18].http://www.btc38.com/btc/altgeneral/8982.html
② 4월 4~10일 기간 중에 디지털 통화권에서는 무슨 일이 발생했나?[EB/OL].(2016-04-10) [2017-05-18].http://mt.sohu.com/20160410/n443807602.shtml.

였다. 초안은 인터넷의 가상 자산, 데이터 정보 등 새로운 형태의 민사 권리 객체에 대한 규정을 만들었고, 이는 인터넷의 가상 자산, 데이터 정보가 정식으로 권리의 객체가 되고, 비트코인 등 인터넷 가상 자산이 정식으로 법률적 보호를 받게 됨을 의미한다.[1]

2016년 7월 20일, 비트코인 보상이 2차 절반으로 감소하다.

42만 번째 비트코인 블록이 채굴되었으며, 블록 보상이 2016년 7월 20일 두 번째로 반감하여 12.5비트코인까지 내려갔다. 이전의 반감은 21만 번째 블록에서 발생하였는데, 당시의 화폐의 통화량 증가율은 12.5%에서 8.3%까지 내려갔으며, 이번의 보상 반감은 42만 번째 블록에서 발생하여 통화량 증가율은 4.17%까지 내려갔다. 따라서 이어질 보상 반감은 63만 번째 블록에서 발생하며, 약 4년 후로 예상된다.[2]

---

[1] 법률적 보호를 받는 가상 자산 공고[EB/OL]. (2016-06-29) [2017-05-18]. http://www.cnfla.com/gonggao/50131.html.

[2] 비트코인 생산량은 두 번째 반감을 불러오고, 가격 파동이 급격해지다.[EB/OL]. (2016-07-10) [2017-05-18].http://www.8btc.com/halving_megathread_block.

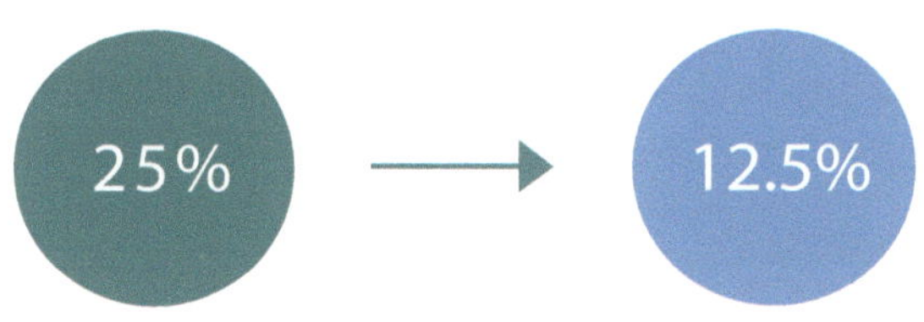

[그림 5-23] 비트코인 보상의 두 번째 반감

2017년 2월, 중국 중앙은행 디지털 화폐 시험 운영

중국 중앙은행은 세계 최초로 디지털 화폐를 발행하고 실제 적용하는 중앙은행이 되었다. 중앙은행이 추진한 블록체인 기반의 디지털 영수증 거래 플랫폼은 이미 테스트에 성공하였고, 중앙은행이 발행한 법정 디지털 화폐는 이미 플랫폼에서 시범 운영되고 있다.[1]

블록체인 주요 용어 해설

블록체인(Blockchain)

이 단어는 필수 용어로서 비트코인의 기반 기술로 탈중앙화된 분산식 장부 시스템을 의미한다. 블록체인과 인공지능, 빅데이터는

---

[1] 중앙은행 디지털 화폐가 진짜 왔다. 업계의 동의를 얻을 때 여전히 해결해야 할 문제가 있다.[EB/OL]. (2017-02-09)[2017-05-18]. http://www.cs.com.cn/xwzx/jr/201702/t20170209_5172817. html.

금융과학기술의 3대 핵심이다.

비트코인(Bitcoin)

이 단어는 블록체인 분야에서 가장 많이 언급되고 있다. 비트코인은 블록체인 기술의 첫 번째 응용으로써 원래는 P2P 형태의 네트워크 가상화폐이지만, 많은 국가에서 이미 실제 생활에서 물품을 구매할 수 있다. 오늘날 비트코인은 사토시 나카모토의 아이디어를 기반으로 오픈소스 소프트웨어를 설계하여 배포하고, P2P 네트워크를 구축하는 등 지속적으로 발전해 왔다.

사토시 나카모토(Satoshi Nakamoto)

이는 블록체인 영역을 탐색하는 과정에서 반드시 만나게 되는 단어이다. 사람 이름으로 비트코인의 개발자 겸 창시자이다. 2008년 사토시 나카모토는 메일 그룹에서 정보 암호화에 대해 토론하고 비트코인 시스템의 기본 프레임워크를 설명하는 한 편의 논문을 발표하였다. 2009년 그는 이 시스템을 위해 오픈 소스 프로젝트를 만들었고, 정식으로 비트코인의 탄생을 선포하였다.

비트코인이 점점 성과가 나기 시작할 때, 사토시 나카모토는 갑자기 떠나서 인터넷에서 흔적을 찾을 수 없게 되었다. 많은 비트코인의 '기념일'은 모두 사토시 나카모토와 관련이 있다.

디지털 화폐

블록체인이 최초 응용된 형식은 디지털 화폐이다. 디지털 화폐는 전자 형식의 대체 화폐로 디지털 금화와 암호화된 화폐 모두 디지털 화폐에 속한다. 그것은 이미 온라인 게임 등의 가상 공간뿐 아니라 상품과 서비스 등 실제 거래에 사용되기 때문에 가상 세계의 가상화폐와 완전히 같을 수는 없다. 현재 전 세계적으로 수천 종의 디지털 화폐가 있다.

PoW(작업 증명)

공부하기에 열중하는 당신이 다시 심도 있게 블록체인의 원리를 이해하고 싶다면 이 용어가 반드시 출현할 것이다. PoW는 작업량 증명이다. 비트코인은 블록의 생성 과정 중에 PoW 메커니즘을 사용했다. 요구에 부합하는 블록 해시값은 N개 선행 제로(0)로 구성되며, 0의 개수는 네트워크의 난이도에 따라 다르다. 합리적인 블록 해시값을 얻고 싶다면 대량의 테스트 계산을 통해야만 하는데, 계산 시간은 시스템의 해시 계산 속도에 의해 결정된다. [1]

---

[1] 비트코인 원리[EB/OL]. (2014-01-26) [2017-05-18].http://blog.csdn.net/autumn84/article/details/18782533.

공개 키(public key)와 개인 키(private key)

블록체인 관련 용어 중에 공개 키와 개인 키를 자주 듣게 된다. 이것은 일반적으로 이전의 대칭 암호 설정(사용자 이름과 암호 사용) 방식보다 향상된 비대칭 암호 설정 방식이다.

비트코인 시스템에서 개인 키는 본질적으로 32바이트로 구성된 조합이며, 공개 키와 주소의 생성은 개인 키에 따라 다르다. 개인 키가 있으면 공개 키와 주소를 생성할 수 있고 해당 주소를 비트코인에 대응하는 데 사용할 수 있다.

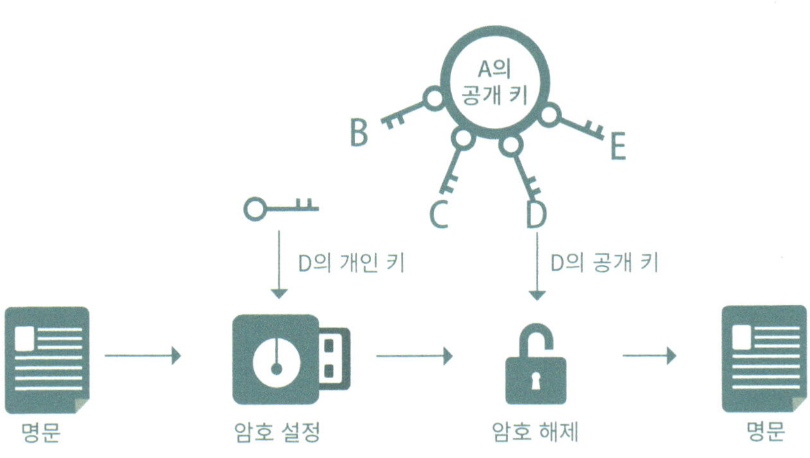

[그림 5-24] 비대칭 암호 설정

286

해시값(Hash Value)

이 용어는 비트코인 세계에서 없는 곳이 없을 정도라고 말할 수 있다. 해시 알고리즘은 임의 길이의 2진 값을 고정된 길이의 비교적 작은 2진 값에 매핑하고, 이 작은 2진 값이 해시값이다. 해시값은 데이터 조작의 독특하고 매우 간단한 수치 표시 형식이다.

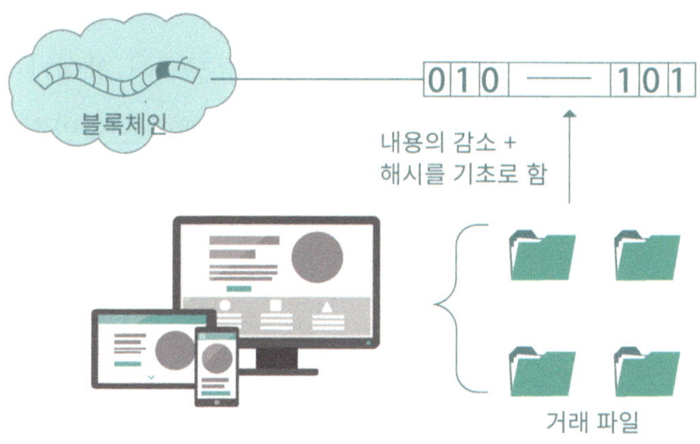

[그림 5-25] 블록체인의 감소+해시

평문(clear text)에서 한 글자만 수정한다 할지라도 후속 해시값은 크게 달라진다. 동일한 해시값에 두 개의 다른 입력을 찾고자 한다면 기본적으로 계산의 관점에서 불가능하다고 할 수 있다. [1]

---

[1] 해시값이란 무엇인가?[EB/OL]. [2017-05-18].http://product.pconline.com.cn/itbk/software/
dnwt/1504/6325876.html.

퍼블릭 블록체인과 프라이빗 블록체인

업계 사람들은 항상 다음과 같은 질문을 받게 된다. 당신이 블록체인에 대해 '아는 게 별로 없다'는 말을 듣는다면, 나를 도와 이런 응용이 퍼블릭 블록체인인지 프라이빗 블록체인인지 분류해 보자.

퍼블릭 블록체인은 전 세계의 누군가 모두 읽고, 누군가 그중에 거래 정보를 발송하고 거래가 유효한 확인을 얻을 수 있고, 누군가 합의 과정의 블록체인에 참여할 수 있는 것을 의미하고, 합의 과정은 어떤 블록이 블록체인에 추가되면 결정되어 참여자에게 이전 상태를 명확하게 할 수 있다. 퍼블릭 블록체인은 일반적으로 완전히 분산된 것이라 여겨진다. 프라이빗 블록체인은 쓰기 권한이

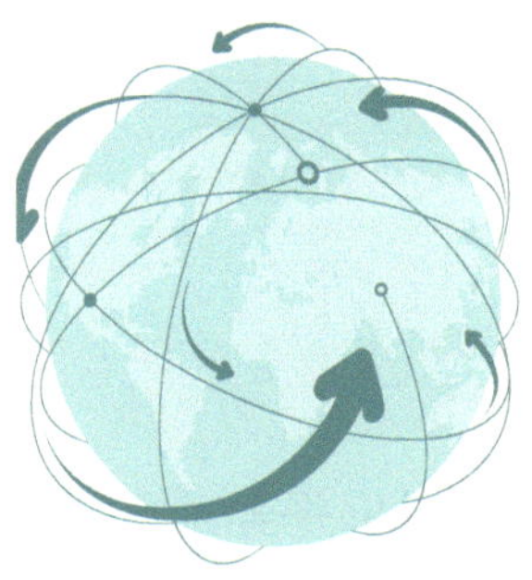

퍼블릭 블록체인: 모든 사람에 대해 개방하고 누구든지 참여 가능.

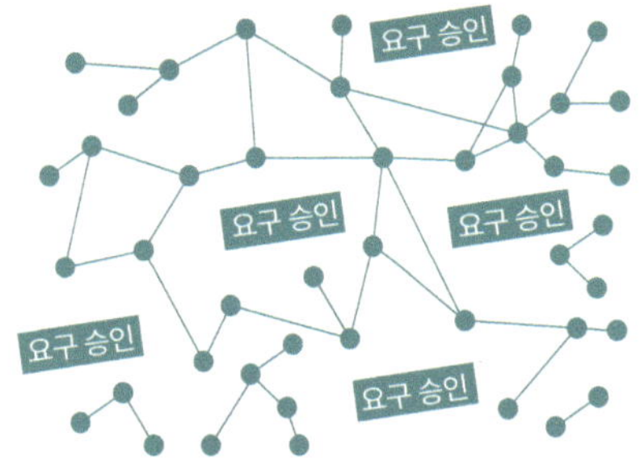

프라이빗 블록체인: 단독의 개인 혹은 실체에 대해 개방

[그림 5-26] 퍼블릭 블록체인과 프라이빗 블록체인

오직 조직 안의 블록체인에 있는 것을 의미한다. 간단히 말하자면, 퍼블릭 블록체인은 모든 사람에 대해 열려 있으며 누구든지 참여할 수 있다. 프라이빗 블록체인은 개인이나 단체에게만 공개된다.[1]

블록(Block)과 체인(Chain)

블록은 정보 블록을 의미하며, 각 블록에는 본 블록 ID, 소량 거래 리스트, 앞 블록 ID 세 가지 요소를 포함한다.

비트코인 시스템은 대략 10분마다 1개의 블록을 만들어 내고 여기에는 이 시간 안에 전체 네트워크 범위 내에서 발생하는 모든 거래를 포함한다. 각 블록에는 네트워크 블록의 ID가 포함된다. 이렇게 각 블록이 이전의 노드를 찾아낼 수 있게 한다.

이렇게 하여 직접 완전한 거래 체인이 형성된다. 탄생 초기부터 지금까지 전체 네트워크는 고유한 블록체인을 형성하였다.

---

[1] 블록체인의 전체 이해: 퍼블릭 블록체인vs프라이빗 블록체인[EB/OL]. (2016-08-09) [2017-05-18]. http://www.weiyangx.com/199778.html.

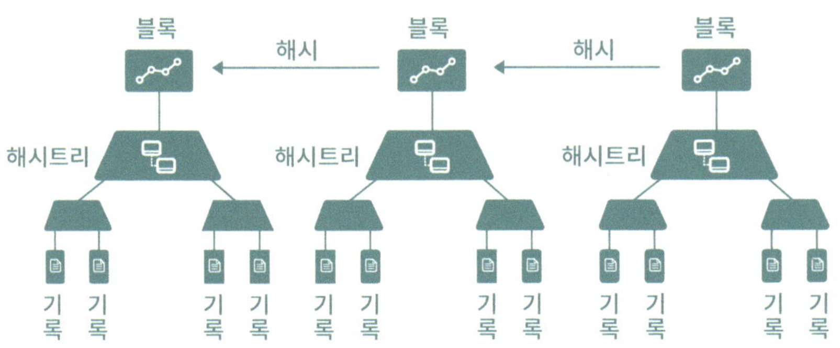

[그림 5-27] 블록과 체인

스마트 계약(Smart Contract)

스마트 계약 역시 우리가 자주 듣게 되는 단어로, 들으면 이해할 수도 이해하지 못할 수도 있다. 이 글자 자체의 의미를 따라 보자면, 자동적으로 스스로 실행되는 약간 스마트한 계약이다.

스마트 계약의 발명자는 닉 재보로 그는 다음과 같이 정의했다.

"스마트 계약은 디지털 형식으로 정의한 일련의 약속으로 계약 참여자가 이러한 약속을 이행할 수 있는 계약을 포함한다."[1]

신용 합의(Consensus)

이 단어는 블록체인과 관련된 보도와 회의에서 자주 볼 수 있다.

---

[1] 무엇이 스마트 계약인가 ? [EB/OL]. (2014-12-14) [2017-05-18].http://www.8btc.com/ what-are-smart-contracts-in-search-of-a-consensus.

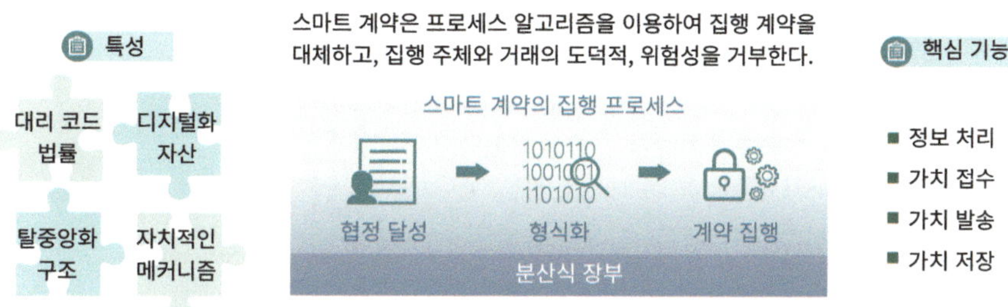

[그림 5-28] 스마트 계약

단지 블록체인이 무엇을 할 수 있는지, 블록체인은 왜 세상을 바꿀 수 있는지, 블록체인이 어디에 쓸모 있는지 등의 문제를 물을 때, 신용 합의, 이 단어가 출현할 것이다.

블록체인의 분산식 구조와 수학 알고리즘을 기반으로 하는 저비용 신뢰 메커니즘은 금융 분야와 관련된 문제를 해결하고 최적화하기 위해 새로운 아이디어와 경로를 제공한다. 현재 경제 사회의 신용 환경은 매우 취약하고, 신용 비용도 상대적으로 높다. 블록체인 기술은 신용 경제 발전의 촉진에 중요한 의미를 갖는 저비용 신뢰 솔루션을 제안한다.

R3

R3 블록체인 컨소시엄은 중국의 중국 평안그룹, 초상은행, 중국 외한거래센터, 민생은행 등 4개 전통 금융기관을 포함한 70여 개의 세계 최고의 금융 기구가 참여하고 있다. 목표는 금융기관의 프라이빗 블록체인 시스템을 만드는 것이다.

[그림 5-29] 블록체인 신용 합의

2016년 5월, R3는 분산식 장부 컨소시엄을 위해 2억 달러 규모의 A 파이낸싱을 시작하였고, R3는 자사 지분의 10%를 보유하였다. 그 후 R3는 융자 금액을 1.5억 달러까지 조정하는 것을 목표로 하여 R3 자사 보유 지분을 40%까지 높였고, 나머지 60%의 주식은 컨소시엄의 42개 초기 회원 은행이 모집하기로 계획되었다.

그 후 7개 은행은 융자 철회를 선택하였다. R3의 블록체인 플랫폼인 Corda의 오픈소스 개발을 발표한 후에, 골드만삭스를 포함한 일부 구성원들이 R3 컨소시엄을 탈퇴하였다.[1]

---

[1] 융자가 R3 블록체인 컨소시엄의 논쟁 격화로 골드만삭스, 모건스탠리, JP 모건스 등 7개 은행이 퇴출하였다. [EB/OL]. (2016-11-29) [2017-05-18]. http://www.sohu.com/a/120161115_115035.

블록체인 창업 기업에서 COO의 역할은 무엇인가?

판샤오진(OKCoin 은행 & OKLink COO)

COO(최고운영책임자)는 창업 기업에서 영원히 멈추지 않는 엔진으로 스스로 빛의 고리를 가지고 있어야 할 뿐만 아니라, 다른 사람을 불붙일 수 있어야 한다. COO 일상적인 업무는 다음과 같다.

인재, 인재, 인재 - 중요한 일은 3번 말하라.

신뢰할 수 있는 사람이 신뢰할 수 있는 일을 한다. 우수한 인재가 없는 블록체인 창업 기업은 뿌리 없는 나무와 같아서 바람이 한 번 불면 쓰러진다. 블록체인 창업 회사와 다른 인터넷 회사는 인재를 불러모으고 전략을 전개해야 할 것이다. 전략적으로 제품을 생산하고 제품은 시장에서 얻으며, 시장은 사용자의 마음을 사로잡고, 최종적으로 수익과 이윤을 얻게 된다. 그러나 다른 인터넷 회사와 비교하면 블록체인 창업 기업은 우수한 인재를 끌어 모으기 위한 노력이 더욱 절실히 요구되고 있다.

블록체인 기술은 매우 빠르게 발전하는 응용 분야로서, 모험을 두려워하지 않고, 담대하고 세심하게, 굳건한 의지를 가지고 새로운 지식을 탐구하는 그런 파트너가 필요하다. 우수한 블록체인 기업은 자체가 충만한 가치의 노드를 가진 인터넷이며, 제품, 개발, 테스트, 시장, 운영 등 다양한 인재가 부족하면 안 된다. COO가 먼저 해야 하는 것은 끊임없이 우수한 인재를 찾아 등용하고 좋은 그룹을 조직하여야 비로소 기업 발전의 미래를 펼칠 수 있을 것이다.

'21세기에서 가장 중요한 것은 무엇인가? 바로 인재다!'
블록체인 기업 역시 마찬가지다.

목표 실현을 확실히 보장하는 숙련된 인재

인원을 갖춘 후에 의기투합한 파트너들은 같은 마음으로 힘을 합쳐야만 큰 배를 움질일 수 있다. 회사의 CEO는 목표를 잘 설정하고 목표의 실현은 COO가 파악해야 한다. 매주 관리 정기 회의, 매 분기 실적 평가와 피드백, 연도 및 비정기적인 주주회의 모두 파트너들이 자기 자리를 확보하고 같은 목표를 향해 노력해야 한다.

제품, 시장, 운영, 전체의 노력을 모아야 한다.

"블록체인이 무엇인가요? 나에게 한마디로 설명해 줄 수 있어요?"

"네, 알겠어요. 그런데 이게 당신과 무슨 관계가 있는가요?"

"당신들의 디지털 자산 거래 플랫폼이 파산하는 건 아니지요? 당신들이 제공하는 국가간 결제 서비스는 웨스트 유니온에 사용할 수 있어요?"

"나의 계좌에 왜 아직도 이체가 안 되었나요?"

"세상에, K라인이 또 끊겼어요!"

"중앙은행이 또 문서를 보냈는데, 당신들은 어떻게 생각하세요?"

끊임없이 사용자들의 각종 질문을 응대해야 하는데, 이것 역시 COO의 일상이다.

그 외에 COO는 시장을 연구해야 하고, 필린핀과 말레이시아의 관리 감독은 무슨 특색이 있는지? 최근 휴대전화의 클릭량과 설치율은 왜 이렇게 많이 떨어지는지? 역시 COO가 사용자의 소리를 귀 기울여 들어야만 할 뿐 아니라, 시장의 변화를 관찰하는 것 역시 '새롭게, 보존하고 활성화하는' 것으로 훨씬 중요한 것이다. 온라인에서의 협력 통로, 미디어의 추진과 오프라인에서의 비즈니스, 브랜드, 정부와 공공기관의 협력 역시 중요하며, 심지어 어떤 전략을 써서 목표로 하는 효과에 도달하는지 등 이런 일들 모두 COO가 조직한 각 부서가 힘을 합쳐 완성해야 한다.

"COO는 가장 애를 많이 태우는 사람으로, 홀에서는 전략을 세우고 주방에서는 집행을 한다."라는 말로 도전을 즐기고 문제를 해결하는 사람 역시 COO에 적합하다.

블록체인 회사의 'IT 천재'들은 모두 세상을 바꾸는 꿈을 가지고 있는가?

위량(OKLink 제품 매니저 겸 수석 엔지니어)

블록체인, 내가 처음 이 단어를 들었던 것이 대략 2013년 초였다. 당시 인터넷 기술 연구자로 근무하고 있었기에 중·영문 자료를 모두 검색하여 읽을 정도로 흥미를 가지고 있었다. 나의 영어 실력은 한계가 있었지만, 원래의 블록체인 기술의 원리를 이해하고 싶었다. 지금처럼 모두가 블록체인을 하나의 기술로 여기고 있듯이, 당시 나 역시 블록체인이 기술의 속성을 가지고 있다고 생각했고, 이런 시각에서 소위 '기술'을 더욱 더 열심히 학습하였다. 지금부터 로테이션 학습의 3부분인 '무엇을, 왜, 어떻게'라는 이 3가지 측면으로 블록체인에 대한 이해를 얘기해 보고자 한다.

먼저, 블록체인이 도대체 무엇인가? 현재 모든 주요 미디어에서는 모두 블록체인 기술을 이야기하고 있고, 블록체인을 하나의 기술로 정의하고 있다. 나는 이러한 정의에 그다지 동의하지는 않는다.

나는 블록체인이라는 새로운 기술이 신용 문제의 해결 방안과 같다고 생각한다. 우리는 모두 전 세계적으로 신용 체계가 예외 없이 다음의 몇 가지 종류라는 것을 안다. '첫째, 도덕을 기반으로 도덕적 약속에 의거하여 신용 문제를 해결한다. 예를 들어 우리가 호텔에 가서 식사를 하면 정보가 비대칭이어서 우리는 호텔 지배인이 폐식용유를 사용하는지, 건강에 안 좋은 식재료를 사용하는지 알 수 없다. 하지만 우리가 호텔 지배인을 신뢰하게 되면 호텔 지배인이 고객의 건강을 해치는 일을 하지 않을 것이라 생각한다. 둘째, 신앙을 기반으로 한다. 이전에 들은 재미 있는 이야기가 있는데, 서양에서는 식품 안전 문제가 나타나는 것이 매우 적다는 것이다. 가장 큰 원인은 식품 생산에 종사하는 사람들이 신의 징벌을 두려워하기 때문이라고 한다. 사람들은 신을 믿기 때문에 신을 믿는 것은 공평한 재판이며, 이런 신앙에 의거하여 신용 체계를 구축한다. 셋째, 정부를 기반으로 한다. 정부에 대해 언급할 때 우리는 세계 각국의 은행 시스템을 말할 수밖에 없는데, 은행 시스템은 정부의 기반 위에 세워졌다고 말할 수 있다. 모든 국민은 자신의 정부가 무너지지 않을 것이고, 어느 때고 정부는 국민의 든든한 뒷배경이라고 여긴다. 정부가 무너지지 않는다면 국민들은 은행계좌의 숫자가 가치 있다고 여기며, 이는 상품 교환의 매개체가 될 수 있다.

블록체인이 나타난 후, 세계에는 새로운 신용 시스템의 초석이 되는 알고리즘이 많이 등장했다. 알고리즘의 기원은 컴퓨터 세상의 개념으로 알고리즘은 특성이 있는데 바로 일치성이다. 시간, 지점을 막론하고 입력을 확정하기만 하면 알고리즘을 통해서 출력되어 확정되는데 이것이 알고리즘의 일치성에 대한 기본 정의이다. 바로 이러한 특성을 기반으로 만들어진 블록체인은 새로운 유형의 신용 시스템이다.

그다음은 왜 블록체인을 선택하는가인데, 블록체인은 아래와 같은 큰 특징이 있기 때문이다.

첫째, 안전이다. 기술적인 측면에서 말하자면 블록체인은 본질적으로 분산식 데이터베이스로 데이터 노드마다 이 분산식 시스템에 전체 데이터의 복사본이 저장되고 있다. 다시 말해서 데이터 노드마다 블록체인 세계 안의 각 거래에 대한 독립된 기록을 가지고 있다. 거래가 발생하면 P2P 협의를 진행할 것이고, 거래는 블록체인 안의 각 데이터 노드에 전파될 것이다. 예를 들어 블록체인 안에 100명이 있는데 그중 한 사람이 다른 한 사람에게 돈을 이체하면 이체한 사람은 받는 사람이 거짓으로 돈을 받지 못했다고 할까봐 걱정하게 된다. 그래서 이체한 사람이 자기를 제외한 모든 사람에게 메일을 보내고 계좌이체 영수증과 친필 사인을 첨부하여 보내게 되면 98명이 계좌이체한 것을 증명할 수 있기 때문에 돈을 받는 사람이 거짓말을 할 수 없다.

둘째, 안정성이다. 예전에 이런 이야기를 들은 적이 있다. 미국 대통령 오바마가 매우 큰 권력을 가지고 있었지만 그도 블록체인을 무너뜨릴 수는 없었다. 블록체인의 가장 성숙한 용도로 사용하는 것은 비트코인 블록체인에 수천만 개의 데이터 포인트가 있어서 세계 각지에 퍼져 있다. 비트코인 협의는 각 노드가 강력한 블록체인 네트워크를 조직하여서 블록체인은 어느 사람 혹은 어느 조직이 훼손하기 매우 어렵다고 말할 수 있다.

마지막으로, 블록체인은 무엇을 선택하는가? 현재의 비트코인 블록체인은 이미 P2P 결제를 할 수 있다. 마치 당신이 미국의 친구에게 돈을 송금하고 싶다면 전통적인 처리 방식에 따라 은행 창구에 가서 처리해야만 한다. 은행은 국제 외환 경로인 SWIFT를 통해서 미국에 송금하고 다시 미국 현지의 은행이 당신 친구에게 부쳐주게 된다. 이런 전통적 송금 방식은 몇 가지 폐단이 있다. 송금 수수료가 비싸고, 송금 기간이 길며, 송금 과정 역시 투명하지 않다. 블록체인을 통하면 P2P 송금을 할 수 있고, 계좌이체 기간도 짧으며, 정보 공개가 투명하고 실시간으로 검색할 수 있다.

현재 OKLink는 블록체인을 기반으로 글로벌 송금 네트워크를 구축하고 있다. 전통적 송금 방식의 폐단에 대해 OKLink는 실시간 계좌이체, 낮은 수수료, 전 과정의 송금 정보 추적이 가능한 글로벌 송금 네트워크를 디자인하였다. 현재 한국, 일본, 캐나다, 필리핀, 인도, 베트남, 인도네시아, 싱가포르, 타이완, 홍콩 등 국가와 지역에 이미 송금 업무를 개통하였고, 실시간 계좌이체를 할 수 있다. 매우 신기하지 않은가?

나는 블록체인이 가져올 기술 혁신이 각 산업에 대해 파괴적인 영향을 끼칠 것으로 믿고 있다. 우리는 고대하며 기다려 보자.

당신에게 블록체인을 이해시키려면 100명의 피카소가 필요하다!

리챠오(OKCoin 은행 & OKLink 디자인 이사)

블록체인은 비트코인 등 암호 화폐의 탄생에 따라 데이터를 저장하는 독특한 방식이다. 최근 몇 년 동안 블록체인의 혁신적인 응용과 디자인이 끊임없이 등장하고 있으나, 전문 분야에 종사하지 않은 사람들은 블록체인의 매력을 텍스트를 통해 느끼지 못하는 것 같다.

2013년부터 블록체인은 끊임없이 발전했고, 항상 새로운 것을 연구 개발하기를 즐기는 디자이너들은 엄청난 흥미를 느꼈다. 나 역시 무미건조한 데이터와 일반적인 문제 해석과 비교해 보면 관련 디자인 요소와 통합되어 시각화 이미지가 직관적인 흥미를 더하지 않겠는가? 자주 전통 데이터를 접하는 우리들에 대해서 의심할 여지 없이 이는 새롭게 시도해 보고 도전해 볼 만한 것으로 블록체인 기술 자체의 복잡성으로 인해 디자인 작업에 약간의 어려움이 추가 되었다.

블록체인을 잘 만들고 싶다면 먼저 블록체인을 이해해야 한다!

단순한 디자인은 디자인 과정이 단순하다는 의미가 아니다. 디자이너들은 간단명료한 형식으로 블록체인에 대해 시각화된 디자인을 진행하고 싶어 하는데, 이런 과정은 쉽지 않다.

디자인 초기에 우리는 데이터를 디자인하고 본질을 추구하고, 실현 방식에 근거하여 해결 방법을 찾았다. 컴퓨터 프로그램 디자인 언어 파이썬(Python) 관련 세트를 응용해서 블록체인의 원리를 이해하고 은행을 제외한 거래 역사에서 이 개념은 바뀌지 않을 수 없다는 것을 이해하면, 공개 네트워크에서 검증 가능한 분산식 장부 시스템을 적용한 거래 기술을 검증하는 기술은 우리를 놀라게 한다. 블록체인의 원리를 분석하고 이해한 후에 우리는 자바스크립트(JavaScript)의 라이브러리 D3.js, D3의 도표 유형을 사용하면 매우 풍부해지고, SVG 형식을 지원하게 된다. 그 구축된 데이터 도표를 사용하면 매우 강력해져 우리는 그것의 풍부한 특성을 이용하여 블록체인의 복잡성을 충분히 표현할 수 있으며, 매우 뛰어난 시각적 표현 효과를 가진다. 디자인 후반기에 우리는 디자인을 데이터와 결합할 것이다. 시각적 개발은 간단한 자료부터 시작할 필요가 있고, 블록 #235235에 기재된 834개의 거래처럼 많은 거래량을 시각적으로 표현하려면 약간의 어려움이 있을 것이다. 전반적인 시각 디자인을 위해 데이터의 변화에 영향을 받지 않는 데이터에 접근해야 한다. 디자이너의 목적은 간단명료한 시각화 디자인를 통해 과정이 간단명료하게 변하게끔 하는 것이다. 예를 들면 거래 과정 중에 보낸 사람과 받는 사람 모두 시각화 시스템을 통해 거래 방향에 대해 추적을 진행할 수 있을 것이다.

시각적인 화면은 블록체인을 이해하는 문턱을 낮추고 모두가 도표를 볼 때 "아, 원래 블록체인은 이해하기 어려운 개념이 아니었구나."라고 깨우치게 될 수 있기를 희망한다. 블록체인은 확실히 어려운 신기술이 아니다. 다만 기술자들이 전문용어를 많이 사용해서 이해하기 어렵게 된 것이다.

블록체인을 보급하기 위해 우리는 어떤 엉뚱한 짓을 해야 하는가?

티엔이(OKCoin 은행 & OKLink 홍보이사)

블록체인은 현실적인 기술이다. 새로운 기반 기술, 상층 응용 및 작동 원리를 가지고 있으며, 인터넷을 제외하면 과거에는 볼 수 없었던 기술이다. 사람들에게 블록체인이 도대체 무엇인지 분명하게 설명을 시도하는 것은 1980년대 사람들에게 인터넷이 무엇인지를 설명하는 것처럼 어렵다.

만일 당신이 1980년대 사람들에게 인터넷에서 물건을 구매할 수 있다고 알려준다면 그들은 어떻게 반응할까?

- 누가 인터넷에서 옷을 살 수 있다고? 꿈 같은 소리 하지 마라.
- 인터넷에서 옷을 사는 것을 본 적이 없다. 그림 한 장으로 내가 돈을 지급해야 한다고?
- 틀림없이 사기꾼이야. 사기를 치고 싶어서 미친 거야.

만일 당신이 그들에게 구글을 소개한다면, 그들은 어떻게 반응할까?

- 무료로 검색한다고? 그럼 그들은 돈은 어떻게 벌어? 틀림없이 상술일 거야!
- 이런 회사의 시장 가치가 5,000억 달러라고? 정보만 검색하는데 이렇게 큰 돈의 가치가 있어?
- 이렇게 간단한 사이트에 5만여 명의 직원이 필요하다고? 사람이 검색해 주나?

그러면 만일 당신이 지금 사람들에게 전체 금융 시장의 구조를 바꿀 수 있는 프로그램을 작성하고 있는 프로그래머가 있다고 한다면 그들은 어떻게 반응할까?

- 돈만 낭비할 뿐이야. 며칠 못 쓰고 소리 없이 종적을 감출 거야.
- 권위 있는 정부의 배서 없이, 코드에 의존해 공정하게 한다고 정신나갔군요.

- 틀림없이 배후에 해커가 있어 운영 시스템을 인위적으로 조작
  할 수 있을 거야!

이런 말들은 듣게 되면, 합리적이고, 논리적이며 반박할 수 없지 않은가? 이것이 우리가 만나는 문제이다.

과거 1년 동안 우리는 전국의 여러 도시를 다니면서 수십 번의 이벤트와 강연을 진행하였다. 난징, 상하이, 선전 등 전국 주요 도시 모두 우리의 그림자가 있고 금융박물관, 국가회의센터, 베이징 대학 등이 우리의 무대였으며, 그중 대부분의 이벤트는 무료로 진행한 것으로 블록체인의 이런 개념을 널리 보급하기 위해서였다.

수십 차례의 이벤트에 참여하는 많은 사람이 남성으로, 30~40대가 가장 많았으며, 금융회사 직원, 프로그래머가 가장 많았다. 이러한 사람들은 한 가지 특징이 있었는데 어릴 적부터 소셜 네트워크에서 활발히 활동했을 뿐 아니라, 그들은 블록체인을 이해한 후에 다른 사람에게 설명할 때 많은 기술적 용어를 사용할 수 있다는 것이다. 블록체인의 보급 속도는 여전히 완만했다. 우리가 이벤트를 할 때마다 수천 명에게 영향을 주었지만, 소모하는 인력, 물력, 재력은 매우 컸다. 일부 참여하는 사람들은 우리가 주는 선물을 보고 왔기 때문이다.

2016년 중반, 동영상 미디어 산업이 사방에서 일어나기 시작하면서 이용자가 대량으로 유입되었다. 우리의 눈앞에 한 줄기 빛이 보

였다. 동영상을 통해 블록체인을 보급하면 반드시 좋은 효과가 있을 것이다! 그리고 많은 젊은이들에게 블록체인을 이해시킬 수 있을 것이다! 우리는 서둘러 블록체인 연구팀의 전문가를 초빙하여 블록체인을 직접 설명하기 시작하였다. 각종 온리안 경로를 통해 접속자가 확대되었지만 강연마다 평균 수백 명에 불과 했다. 우리는 끊임없이 원인을 분석했다. 다른 사람의 동영상은 수백만 명이 보는데, 왜 우리는 겨우 몇백 명밖에 되지 않은가. 이때 동료가 한 가지 생각을 말했다."당신이 본 누군가가 미인이라면, 예쁘게 생기고 목소리가 좋으면 당연히 보는 사람이 있겠지." 확실히 일리 있는 말이었다.

우리는 회사에서 가장 아름다운 직원을 블록체인을 설명하는 데 보냈고, 동시에 경로와 역량을 확장하여 군중들이 'Circle of Friends-Wechat의 Moment-Wechat에 글과 사진을 올리는 곳'을 함께 공유하도록 하여 나중에는 몇천 명이 보게 되었다. 많은 젊은이들의 관심을 받게 되었지만, 그들은 여전히 블록체인이 무엇인지 이해하지 못하고 있다. 단지 우리의 아름다운 동료가 밥을 먹었는지, 남자 친구는 있는지가 궁금했던 것이다. 블록체인의 보급은 여전히 어려웠다.

우리는 꾸준히 노력하면서 현재도 적극적으로 여러 가지 방법을 시도하고 있다. 미디어, 동영상, 음악 채널, 도서 출간 등을 통해 블록체인이 금융의 기반이 되는 기초 기술이 될 수 있기를 희망하고 있으며, 인터넷과 같이 대중에게 다가가고 생활을 서비스할 수 있기를 기대한다.

현재 블록체인을 이해하는 사람들 대다수는 대형 금융회사의 직원들이거나 첨단 IT 기술에 몰입해 있는 사람들이다. 이는 블록체인을 소개하는 자료에서 용어 혹은 기술적인 명사들이 가득한 이유가 되었다. 블록체인 자체는 난해하여 이해하기 어려우나 이는 기술적인 배경이 없는 사람들에게 해당되는 것으로, 몇 개월의 시간을 투자한다면 블록체인의 개념 및 역사, 기본 기술, 작동 원리와 상위 응용 등을 충분히 이해할 수 있다.

이 책은 바로 이 몇 개월의 시간을 일주일로 압축하고, 더 나아가 며칠로 압축하기 위한 목적으로 발간되었다.

감사의 말

이 책은 많은 열정적인 친구들의 도움을 받아 쓰였다. 디지털 화폐, 블록체인 업계 내부의 지원을 얻었을 뿐만 아니라 인터넷, 금융 분야의 선두에서 활약하고 있는 많은 전문가와 리더들이 다방면으로 도움을 주었다.

신흥 기술이 사회에 광범위한 승인과 응용을 얻는 데는 많은 시간이 필요하다. 마치 개개인이 집단에 들어가 자신의 가치를 증명해야만 하고, 이런 가치는 시스템 밖에서 스스로의 증명은 불필요하며 반드시 집단의 공동 이익 및 생태에 대해 정면으로 추진하는 작용이어야 하듯이 블록체인 기술 역시 이런 점을 반드시 증명하여야 한다.

과학의 보급, 이것이 첫 번째 어려운 점이다. 블록체인 기술은 탈중앙화된 분산식 장부이다. 바로 이 문장을 들으면, 많은 독자들은 이 책을 덮을 것이다. 서로 마주 보고 대화를 할 때 당신이 이 말을 꺼낸다면, 상대방의 눈빛이 흔들리는 것을 확실히 볼 수 있을 것이다. 당신이 끊임없이 20분 이상을 말할 수 있다면, 사이 좋은 친구가 될 것이고 틀림없이 소중히 여길 것이다. 그런 후에 이 기술이 그런 애매하고 난해하며, 이해하기 어렵다고 상상하는 사람은 없을 것이다.

반대로, 당신이 그것의 코드 구성을 연구할 필요가 없다면 당신은 단지 이런 기술이 생활에서 체험되고 어떤 변화를 발생하는지 알 수 있을 것이다. 변화에 직면했을 때, 머리가 모래 속에 있는 것처럼 어떠한 문제도 해결할 수 없을 것이다. 사람들을 기쁘게 하는 것은 과학 보급과 블록체인 기술의 보급이 어려운 길 위에 있지만 우리는 많은 동반자가 있다는 것이다. 먼저 감사하는 것은 중국 금융 박물관 이사장인 왕웨이 선생님께서 성심을 다해 도움을 제공해 준 것이다.

왕웨이 선생께서는 금융박물관을 설립했으며 풍부한 인생 경험과 금융 산업에 대한 열정으로 금융 계몽 활동을 하는 중에 박물관 입장에 서서 미래에 참여하였다. 금융박물관은 많은 블록체인 관련 기술의 오프라인 모임 활동을 성공적으로 수행하고 있다. 이 책은 원고를 쓸 때부터 왕웨이 선생의 격려와 지지를 받았으며, 바쁜 와중에도 책의 머리말을 써주서서 우리는 깊은 감사 이외에 막중한 책임감을 느낀다.

융합, 이것이 두 번째 어려운 점이다. 신흥 기술을 사용하여 전통적 영역의 아픈 곳을 해결하는 것은 노동력이 올라가고 자본의 운영이 효율적이어야 한다. 이는 블록체인 기술 발전의 동력과 사명이다. 우리는 '뒤집어엎다'와 '전통 산업은 이미 죽었다.'라는 자극적인 표제를 자주 보는데, 대부분은 일반 사람들을 위한 것이다. 블록체인과 인터넷은 모두 같은 기반 기술이며, 응용층을 떠나 기술을 논하는 것은 단순한 '생떼를 쓰는 것'에 불과하다. 인터넷의 기술 발전로 혜택을 본 것은 사람들이 의식주에서 체험하는 것이 크게 상승한 것이다. 블록체인 기술은 그중의 체험들을 더욱 뛰어나게 할 수 있다.

예를 들어 데이터를 이용해 추적 가능하고, 왜곡 불가한 특징은 미래에 사람들이 식품의 근원 및 예술품의 위조 증명 측면에서 참신한 체험을 하게 해 줄 것이다. 스마트 계약과 데이터베이스를 이용한 특징은 미래 사람들이 의료 데이터의 크로스 플랫폼 응용 및 데이터 프라이버시 측면에 장족의 발전을 취할 수 있을 것이며, 이런 변화와 전통 산업의 최초의 바람은 거스르지 않을 것이다.

만일 사회 질서에 응용된다면, 블록체인 기술은 업그레이드된 패치와 같고 당신이 '동의' 버튼을 가볍게 클릭하면 체험이 즉시 업그레이드된다. 여론과 정부는 불투명한 메커니즘의 영향하에서 신흥 기술에 대해 많은 전통 산업이 저항하고 충돌하고 있다.

그렇지만 우리는 또 행복하다고 할 수 있다. 기술 발전을 추진하는 과정에서 우리는 전통 산업이 나날이 개방적 태도를 취하고 있다는 것을 느낄 수 있다. 전통 금융기관, 연구기관, 유명한 각 고등학교에서 끊임없이 우리들을 향해 희망의 메시지를 보내고 있으며, 거래와 소통을 요구한다. 이런 소통은 상호 촉진되는 것이다. 우리의 오래된 친구인 중신출판그룹은 줄곧 지식을 통해 세상을 변화시키는 바람을 계승하고 있으며, 온 힘을 다해 우리가 블록체인 기술의 보급 작업을 진행하는 것을 도와주고 있으며, 우리 역시 이에 대해 심심한 감사를 표한다.

세계는 변하고 있다. 어떤 사람들은 이 변화를 두려워하고, 어떤 사람들은 이런 변화를 받아들인다. 개방적 태도를 유지하고 신선한 정보를 받아들인다면 당신의 인생은 결국엔 더욱 흥미로워질 것이다.

세계는 급변하고 있습니다.
열린 자세로 첨단 기술과 정보를 받아들인다면
여러분의 인생은 더욱 흥미로워질 것입니다.

알기쉬운 블록체인

초판 1쇄 발행	2017년	12월	13일
초판 3쇄 발행	2018년	7월	2일

저자	쉬밍싱, 티엔잉, 리지위에
옮긴이	김웅수, 조정환
펴낸이	박정태
편집이사	이명수　　　　　　감수교정　　　정하경
편집부	김동서, 위가연, 이정주
마케팅	조화묵, 박명준, 최지성　온라인마케팅 박용대
경영지원	최윤숙

펴낸곳	북스타
출판등록	2006. 9. 8 제313-2006-000198호
주소	파주시 파주출판문화도시 광인사길 161 광문각 B/D
전화	031-955-8787　　　팩스　　　031-955-3730
E-mail	kwangmk7@hanmail.net
홈페이지	www.kwangmoonkag.co.kr

ISBN	979-11-88768-00-4　13320
가격	19,000원